Libertad **EN** Cristo
para ADOLESCENTES

Fe Extrema

Vivir para creer

NEIL T. ANDERSON
DAVE PARK

EDITORIAL
UNILIT

Publicado por
Editorial Unilit
Miami, Fl. 33172
Derechos reservados

Primera edición 1998

© 1996 por Harvest House Publishers
Eugene, Oregon 97402
Originalmente publicado en inglés con el título:
Extreme Faith por Harvest House Publishers.

Traducido al español por: Mónica Goldemberg

Citas bíblicas tomadas de la Santa Biblia, revisión 1960
© Sociedades Bíblicas Unidas
Usada con permiso.

Producto 497666
ISBN 0-7899-0261-3
Impreso en Colombia
Printed in Colombia

Dedicado a:

Nuestros hijos David Park y Karl Anderson. Como padres, siempre los amamos. Nos complacen con su presencia. Hacemos alarde de ustedes cuando no están con nosotros y no podemos creer que Dios nos haya bendecido con hijos como ustedes. Esperamos y oramos para que caminen libres en Cristo todos los días de su vida sintiendo su sin igual amor y aceptación. También oramos para que como sus papás, podamos moldear ese amor y aceptación. Dave y Karl, los amamos.

Reconocimientos

Deseamos agradecer a todo el plantel de Ministerios de Libertad en Cristo. Nuestro especial agradecimiento a Roger McNichols, Rich Miller, Larry Beckner, Jim Wern, Dawson Grover y Dan Roelofs. Y un muy especial agradecimiento a sus esposas quienes les permitieron viajar, trabajar horas extras, recibir llamadas telefónicas a horas desacostumbradas y tolerar todo el desafío que presenta el Ministerio. Debby, Shirley, Joyce, Donna, Karen y Tammy, ¡gracias por contribuir con nosotros! Y más que nada, queremos agradecer a nuestras esposas Grace y Joanne porque el amor y el gozo que le dan a nuestras vidas no se puede medir. Ustedes, verdaderamente, demuestran lo que es la libertad en Cristo.

Al plantel completo de Harvest House: Gracias por amar a la juventud y preocuparse tanto por ella como para proveerle valiosos recursos que la conduzcan a la libertad en Cristo.

Contenido

Cómo usar este libro

Cuando tú pones la fe en Cristo te conviertes en un hijo de Dios. ¡No hay nada que cambie eso! Todavía, tu mente está llena de la basura que aprendiste antes de venir a Cristo. De eso trata este devocional. La palabra de Dios es la pala que te equipa para que puedas echar fuera todas la mentiras de Satanás y este libro puede ser el instrumento usado por Dios para liberarte de esas mentiras. El enemigo es hábil. No se conforma fácilmente con renunciar a dejar de tentarte, acusarte y engañarte. Pero en Cristo tenemos autoridad para mantener al enemigo a raya y poner en evidencia cualquier mentira oculta en la que pudiésemos estar creyendo. Este libro te ayudará a mantener libre tu caminar.

Para que Dios pueda usar este libro de estudio devocional ayudándote a romper malos hábitos y exponer las mentiras del enemigo, necesitas responder las preguntas. Las preguntas te introducirán en la Palabra de Dios, la verdad. Satanás no quiere que todos los días, con regularidad pases el tiempo con Dios. Él sabe que si te puede apartar de la Palabra, impide que crezcas en Cristo. Satanás no puede impedir que conozcamos mejor a Cristo...a no ser que lo dejemos; ese privilegio puede dárselo cualquiera. Si estás sintiendo un cansancio inusual, tu mente divaga, o sientes incapacidad para concentrarte ¡puede que estés bajo ataque! Necesitas ejercitar la autoridad que tienes en Cristo o dormir más.

Por lo tanto, antes de comenzar a estudiar, di verbalmente "someteos, pues, a Dios; resistid al diablo y huirá de vosotros" (Santiago.4:7). Pídele a Dios que te hable a través de su Palabra y que te ayude a entenderla. El Espíritu Santo nos ha sido dado a cada uno de nosotros para comprender la verdad; ¡asegúrate de pedirle ayuda!

Comenzando

1. Ora pidiendo la protección de Dios contra el enemigo y ora para que recibas el conocimiento de Dios.

2. Estudia los versículos claves cada día, luego mira el contexto en tu Biblia.

3. Lee cada referencia escritural. ¿Cómo se aplica a tu personalidad? Escribe lo que sientas y haz observaciones.

4. Contesta todas las preguntas para reflexionar. ¿Cómo se aplican a tu vida?

5. Di en voz alta la mentira a descartar y *la verdad a aceptar* y la *oración*. Cerciórate de revisar las Extras Extremas. Este es el lugar donde puedes vivir con mayor intensidad la Palabra de Dios. Usa la sección para expresarte a ti mismo para responder las preguntas de reflexión, o, solamente escribe lo que piensas de lo que estás aprendiendo. Si necesitas más espacio, toma un cuaderno.

6. Además de leer y estudiar las referencias escriturales en el devocional diario, necesitas leer y estudiar las secciones completas de la Palabra de Dios. Recomendamos firmemente que leas el evangelio de Lucas junto con este estudio. Hay lecturas para cuarenta días en la página 190 que te ayudarán a llevar tu propio ritmo de estudio.

También te recomendamos encarecidamente que leas *Emergiendo de la oscuridad* y *Rompiendo las cadenas (edición jóvenes)* para prepararte para este libro. Esperamos que ya hayas tomado tiempo para escuchar al Señor y hayas pasado por los Pasos hacia la libertad. Este devocional te ayudará a renovar tu mente, pero los Pasos hacia la libertad expuestos en *Rompiendo las cadenas (edición jóvenes)* te ayudarán a cerrar cualquier puerta abierta al enemigo mostrándote cómo arrepentirte y renunciar a cualquier pecado que el Espíritu Santo ponga de manifiesto. Si quieres saber más acerca de quién eres en Cristo, lee *Emergiendo de la oscuridad.*

Fíjate un horario específico para tu encuentro diario con Dios. Busca un lugar tranquilo y asegúrate que no habrá interrupciones ni distracciones (como radio o televisión) que te molesten. Busca una persona de tu confianza, un amigo, tu pastor, tu hermana o tu hermano, tal vez tu mamá o tu papá. Pídele a esa persona que controle tus progresos. Sería de mucha ayuda si ambas personas estuvieran haciendo el estudio juntas. Nuestra oración es que este libro te dirija hacia el amor, la aceptación, la libertad y el gozo que Jesús les da a sus seguidores. Oramos para que Dios pueda abrirte muchas oportunidades para ministrar compartiendo las verdades que encuentres en este libro. Que Dios bendiga el tiempo que pases con Él.

Neil y Dave

1
Extrema identidad
Cómo te ve Dios

No mintáis los unos a los otros, habiéndoos despojado del viejo hombre con sus hechos, y revestido del nuevo, el cual, conforme a la imagen del que lo creó se va renovando hasta el conocimiento pleno, donde no hay griego ni judío, circuncisión ni incircuncisión, bárbaro ni escita, siervo ni libre, sino que Cristo es el todo, y en todos.

Colosenses 3:9-11

¿Alguna vez sentiste que eras producto de tu pasado? ¿Que debido a tus pecados tienes poca o ninguna esperanza de vivir alguna vez la verdadera vida victoriosa en Cristo? Si es así, no estás solo. Más del 70 por ciento de los adolescentes cristianos que hemos encuestado, se sienten como tú. Se dicen a sí mismos: "no soy bueno" "no puedo hacer nada bien" "puede que el cristianismo les dé resultado a los demás, pero a mi, no". De acuerdo a Colosenses 3:10-11 ya no rige en nosotros el concepto que teníamos de nuestra identidad antes de conocer a Cristo.

Cuando te piden que te describas a ti mismo, puede que menciones la raza, la religión, el trasfondo cultural, el nivel social, o todos los pecados que cometiste antes de aceptar a Cristo. Pero Pablo dice que tu identidad ya no está más determinada por tu herencia física, tu nivel social, tu característica racial o tus pecados. Tu identidad está en el hecho que eres un hijo de Dios y que estás *en Cristo.*

Cuando decides poner tu confianza en Cristo, logras el perdón de todos tus pecados, porque Cristo murió una vez por *todos* nuestros pecados (Romanos 6:10). Recibiste el Espíritu Santo y una nueva vida eterna en Cristo. Tu identidad profunda es la de un santo, un hijo de Dios, una pieza divina, un hijo de luz, un ciudadano del cielo.

"Mas vosotros sois linaje escogido, real sacerdocio, nación santa, pueblo adquirido por Dios, para que anunciéis las virtudes de aquel que os llamó de las tinieblas a su luz admirable; vosotros que en otro tiempo no erais pueblo, pero que ahora sois pueblo de Dios; que en otro tiempo no habíais alcanzado misericordia, pero que ahora habéis alcanzado misericordia

1 Pedro 2:9-10

Mi (Dave) cuñado Matt fue adoptado por la familia DuPeire. Tomó la decisión de confiar en Cristo a temprana edad. La vida en un hogar cristiano fue buena y su nueva mamá y papá lo querían de verdad; él era su hijo. Pero hay algo dentro de nosotros que anhela conocer nuestro origen y cuando Matt cumplió 18 años él quiso saber más acerca de sus raíces. Investigó en los expedientes de adopción, pero lo que encontró no fue muy alentador. Su madre lo había abandonado a él, a su hermano menor y a su hermana en un viejo hotel, dejándolos en adopción. Cinco "pudieran ser" padres firmaron sus papeles de adopción.

Ahora que Matt sabía la verdad acerca de su familia sanguínea ¿en qué modificaba su herencia, su identidad? En nada. ¿Por qué? Porque Matt sigue siendo un hijo de Dios. La verdad de 2 Corintios 5:17 jamás cambiará. "De modo que si alguno está en Cristo, nueva criatura es; las cosas viejas pasaron; he aquí todas son hechas nuevas".

Ya no somos producto de nuestro pasado sino producto del trabajo de Cristo en la cruz. Cuando estábamos muertos en nuestros delitos y pecados, vivíamos separados de Dios. Nuestra identidad y percepción de nosotros mismos estaba formada y programada en nuestras mentes por el orden natural de este mundo. Eso es lo que dice Pablo en Romanos 12:2: "no os conforméis a este siglo, sino transformaos por medio de la renovación de vuestro entendimiento, para quecomprobéiscuálsealabuenavoluntaddeDios,agradable yperfecta".

La renovación de nuestra mente no se logra naturalmente; no existe un botón de "borrar" que quite el programa anterior. Debemos conocer conscientemente la Palabra de Dios para poder entender quiénes somos desde la perspectiva de Dios. ¿Y quiénes somos? Como dice 1 Juan 3:1-3:

> *Mirad cuál amor nos ha dado el Padre para que seamos llamados hijos de Dios; por esto el mundo no nos conoce, porque no le conoció a él. Amados, ahora somos hijos de Dios y aún no se ha manifestado lo que hemos de ser; pero sabemos que cuando él se manifieste, seremos semejantes a él, porque le veremos tal como él es. Y todo aquel que tiene esta esperanza en él, se purifica a sí mismo, así como él es puro.*

Dedica tiempo todos los días para que Dios te hable. Deja que él le revele a tu mente cualquier mentira a la que debas renunciar y toda verdad que debas aceptar. Es nuestra oración que este libro fortalezca tu caminar con Cristo o sea el comienzo de un nuevo hábito, introducirte en la Palabra de Dios. Asegúrate en meditar en los pasajes bíblicos y contesta las preguntas.

Di la siguiente afirmación en voz alta:

La mentira a rechazar:

Rechazo la mentira en la que no pueda encontrar significado duradero, resguardo, seguridad y sentido de pertenencia a cualquier cosa o cualquier otro que no sea Jesucristo.

La verdad a aceptar:

Acepto la verdad de que en Cristo soy aceptado, estoy seguro y soy significativo. Le pertenezco a Cristo y soy parte de la familia de Dios.

Oración para hoy:

Querido Padre celestial: Gracias por no ser solamente producto de mi pasado sino producto de la buena obra de Cristo. Sé que mis pecados han sido pagados con la preciosa sangre de Jesucristo y que él me ha declarado justo. Decido no tomar del mundo mi verdadera significación, seguridad, resguardo y sentido de pertenencia, sino que acepto lo que Jesús dice acerca de mí. Ayúdame, Señor, a no conformarme más a los patrones del mundo sino a ser transformado por la renovación de mi mente. Quiero ser capaz de hacer la voluntad de Dios, lo que sea bueno, agradable y perfecto. Oro en el nombre de Jesús. Amén.

Día 2

Y conoceréis la verdad y la verdad os hará libres. Le respondieron: Linaje de Abraham somos y jamás hemos sido esclavos de nadie. ¿Cómo dices tú: Seréis libres? Jesús les respondió: De cierto, de cierto os digo, que todo aquel que hace pecado, esclavo es del pecado. Y el esclavo no queda en al casa para siempre; el hijo sí queda en la casa para siempre. Así que, si el Hijo os libertare, seréis verdaderamente libres.

Juan 8:32-36

¿Quién eres tú? Esa es una pregunta importante; tu respuesta demostrará lo que crees acerca de ti mismo y cómo te sientes con respecto a ti mismo. Tómate tiempo ahora para contestar esa pregunta. ¿Quién eres?

¿Tú respuesta incluye cómo se siente Dios con respecto a ti o cómo él determina tu valía? Satanás y sus demonios tienen dos deseos nefastos: primero, engañarte en cuanto a quién es Dios y segundo, engañarte en cuanto a lo que Dios cree de ti. Satanás sabe que si logra hacerte creer una mentira, podrá controlar tu vida. Cuando te dices a ti mismo: "no puedo hacer nada bien" o "no puedo vivir para Cristo, fracasaré", estás creyendo las mentiras del enemigo. Nuestra identidad es muy importante porque controla la manera en que nos comportamos. Por ejemplo, si crees que eres feo y estúpido, estás menos dispuesto a ocuparte de tu cuerpo y a tratar de esforzarte en tus estudios. Desarrollas la clase de actitud del "¿para qué?" Si te ves a ti mismo como un pecador empedernido ¿cómo crees que vivirás? ¡Probablemente peques más! "Porque cual es su pensamiento en su corazón, tal es él" (Proverbios 23:7a).

Tendemos a tomar la identidad por lo que parecemos o por lo que hacemos. ¿Pero lo que tú eres, está determinado por lo que haces o lo que haces está determinado por lo que eres?

La segunda declaración es la correcta. Nuestra identidad está dada por lo que Jesús hizo por nosotros, no por lo que podamos hacer nosotros por él. Si lo piensas detenidamente ¿qué podemos hacer para Jesús que no provenga del poder del Espíritu Santo de Dios? Juan 15:5 dice: "Yo soy la vid, vosotros los pámpanos. El que permanece en mí y yo en él, éste lleva mucho fruto; porque separados de mí nada podéis hacer". Nuestra esperanza en crecimiento, significación y llenura como cristianos está basada, no en nuestras capacidades académicas o nuestros logros atléticos sino en comprender quiénes somos como hijos de Dios. Segunda de Corintios 5:16-17 dice: "De manera que nosotros de aquí en adelante a nadie conocemos según la carne; y aun si a Cristo conocimos según la carne, ya no lo conocemos así. De modo que si alguno está en Cristo, nueva criatura es; las cosas viejas pasaron; he aquí todas son hechas nuevas".

Lyle Alzado fue uno de los grandes jugadores de fútbol. Como defensor para los Raiders, era como un misil; su fuerza y velocidad eran tales que podía bloquear a cualquiera que tuviese la pelota, y generalmente, dejaba al otro jugador tirado en el suelo. Para entrar al equipo de los Raiders tienes que jugar como un animal enloquecido y hacer cualquier cosa para ganar. Al principio, Lyle pensó que jamás entraría al equipo; pesaba solamente 90 kilos, y aunque eso sea bastante para cualquiera de nosotros, para él no fue suficiente para ingresar en la NFL. Por lo que Lyle decidió ingerir esteroides y trabajar como un hombre con una misión. Muy pronto se convirtió en una monstruosa máquina de 150 kilos. Nadie podía poner en duda el corazón de Lyle. Pero Lyle tomó algunas decisiones erróneas. La decisión de tomar esteroides le dieron fama y éxito, pero por corto tiempo. Las drogas transformaron su cuerpo en una montaña de músculos, pero también se cree que esos mismos químicos le produjeron el cáncer al cerebro que terminó con su vida. Lyle Alzado murió en 1992 con sólo 43 años, su vida fue, literalmente, cortada a la mitad. Él creía que al jugar al fútbol sería alguien especial y le daría la importancia y la significación que anhelaba. ¿Y si nunca hubiese jugado al fútbol? ¿Su mujer y su familia lo seguiría queriendo? Por supuesto. No valía la pena morir por lograr éxito en el fútbol. Somos personas completas y nuestras vidas son extremadamente importantes debido a lo que Cristo hizo en la cruz. Si estás mirando a alguien o algo que no sea Cristo para darle importancia y sentido a tu vida, estás haciendo lo mismo que hizo Lyle. Puede que no juegues fútbol ni ingieras esteroides, pero estás siendo engañado y tienes ciertas falsas creencias acerca de ti mismo. En el reino de Dios solamente existe una ecuación de identificación: Cristo+tú= una vida completa y significativa.

¿Ves cómo lo que crees determina tu comportamiento? Da ejemplos, tanto buenos como malos.

¿Por qué piensas que Satanás quiere engañarte respecto a tu identidad en Cristo? Di en voz alta la siguiente declaración:

La mentira a rechazar:

Rechazo la mentira de que mi identidad viene por medio de lo que hago o por lo que la gente dice de mí.

La verdad a aceptar:

Acepto la verdad que mi identidad procede de lo que Cristo hizo por mí en la cruz y por lo que él dice de mí.

Oración para hoy:

Querido Padre celestial, qué admirable es que te pueda llamar Padre. Gracias por la verdad que no me identifico por las cosas que hago sino por lo que Cristo hizo por mí. Gracias por ponerme en Cristo y por ser una nueva criatura; porque todas las cosas viejas pasaron en mi vida y todas las cosas son hechas nuevas. Señor, ayúdame a tener la correcta ecuación de identidad. Revélame cualquier mentira en la que pueda estar creyendo acerca de quién soy y recuérdame diariamente afirmar la verdad de mi identidad en ti. Oro en el nombre de Jesús. Amén.

—— Día 3 ——

Porque en otro tiempo erais tinieblas, mas ahora sois luz en el Señor; andad como hijos de luz (porque el fruto del Espíritu es en toda bondad, justicia y verdad), comprobando lo que es agradable al Señor.

Efesios 5:8-10

Para entender quién eres, tienes que entender qué has heredado -bueno o malo- de Adán en el tiempo de la creación. Así como has heredado rasgos físicos de tus padres, también heredaste ciertos rasgos de tu primer padre, Adán. Génesis 2:7 dice: "Entonces Jehová Dios formó al hombre del polvo de la tierra, y sopló en su nariz aliento de vida, y fue el hombre un ser viviente". Dios creó a Adán. Como Adán, tú tienes un cuerpo físico y un ser interior. Tu cuerpo físico se relaciona con el mundo por medio de tus sentidos, mientras que tu ser interior, a veces llamado alma, es esa parte de ti creada a imagen de Dios. Tu mente, tus emociones y tu voluntad son partes de tu ser interior y por medio de ellas, tú piensas, sientes y tomas decisiones. Estas partes tuyas se supone que estén espiritualmente conectadas a Dios.

En la creación, Adán estaba física y espiritualmente vivo; físicamente porque su cuerpo estaba unido a su alma y espiritualmente porque su alma estaba en unión con Dios. Tu cuerpo físico es importante, pero tu mayor foco debería ser tu vida espiritual, ya que lo primero se descarta mientras que lo otro durará para siempre. Segunda de Corintios 4:16 dice: "Por lo tanto, no desmayamos, aunque este, nuestro hombre exterior se va desgastando, el interior no obstante se renueva de día en día". Cuando Adán pecó murió espiritualmente y su alma quedó separada de Dios. Como Adán, quedaste separado de Dios espiritualmente, debido al pecado de Adán y tus propios pecados. De todas maneras, cuando aceptaste a Cristo como el sacrificio por tus pecados, tu alma fue unida a Dios nuevamente y tu vida espiritual fue restaurada. La unión espiritual con Dios suple cuatro importantes necesidades: aceptación al saber que Dios te ama incondicionalmente ; significación al conocer el verdadero sentido de tu vida ; resguardo y seguridad al saber que Dios se hará cargo de ti para siempre ; y pertenencia al saber que eres parte de la eterna familia de Dios .

Aceptación, significación, resguardo, seguridad y pertenencia son necesidades importantes. ¿Cuál de ellas es más necesaria actualmente en tu vida? ¿Cómo proveyó Dios de aceptación, significación, resguardo, seguridad y pertenencia a Adán y Eva? Mira Génesis 1:26-27 para que veas cómo los aceptó y les dio significación a sus vidas; Génesis 1:29-30 para que veas cómo les proveyó seguridad y Génesis 2:18 para que veas cómo les proveyó sentido de pertenencia.

Romanos 5:12 dice: "Por tanto, como el pecado entró en el mundo por un hombre, y por el pecado la muerte, así la muerte pasó a todos los hombres, por cuanto todos pecaron". Los efectos de la caída del hombre fueron devastadores. Cuando el pecado entró a la raza humana y te fue pasado a ti, te transmitió cuatro deficiencias espirituales. Primero: Adán y Eva perdieron su *conocimiento de Dios*; trataron de esconderse de un Dios que está en todas partes (Génesis 3:7-9). ¡Sufrieron una seria lesión cerebral!

Cuando mi (Dave) hijita Dani tenía tres años, le gustaba jugar a las escondidas. El problema era que cuando terminaba de esconderse, gritaba: ¡lista! Como te imaginarás, no era difícil encontrarla. No tenía idea cómo las ondas de sonido podían identificar el lugar en el que estaba. El esfuerzo de Adán y Eva por esconderse, demuestra cuánto conocimiento habían perdido. Tristemente, lo que Adán y Eva perdieron, tú y yo no lo tenemos hasta encontrar a Cristo. La caída no sólo afectó nuestros pensamientos sino también nuestras emociones. Nuestra segunda deficiencia son las *emociones dominantemente negativas*. Cuando Adán y Eva pecaron, la primer emoción que expresaron fue culpa y vergüenza (ver Génesis 3:7) y luego temor (Génesis 3:8).

La tercer deficiencia está relacionada con tus elecciones. A causa de la caída ahora tú tienes *demasiadas opciones*. El pecado afectó la voluntad de Adán y Eva. En el jardín del Edén ellos podían cometer una sola elección errónea. Todo lo que querían hacer estaba bien, menos comer del árbol del conocimiento del bien y del mal (Génesis 2:16-17). Como resultado de su pecado, estás bombardeado por infinidad de buenas y malas elecciones, a diario.

La última deficiencia fue la *muerte espiritual*. Adán y Eva perdieron su relación con Dios; fueron separados de él. Ahora, cada ser humano que viene al mundo nace físicamente vivo pero espiritualmente muerto (Efesios 2:1).

Debido a la caída sientes rechazo, culpa, vergüenza y, a veces, te sientes débil y desvalido. Hay una salida para nuestros problemas. A Adán lo siguió el "último Adán", Jesucristo. Él recobró la vida espiritual que perdimos en Edén. En Cristo, tú puedes conocer a Dios personalmente. Leyendo la Biblia y siguiendo las indicaciones del Espíritu Santo, puedes recuperar el conocimiento perdido de Dios, hacer decisiones acertadas y tener estabilidad emocional.

¿Cómo afectó la caída tu vida espiritual y tu identidad? ¿Cómo reconquistó Cristo tu vida y la identidad que perdimos en el Jardín del Edén?

Di la siguiente declaración en voz alta:

La mentira a rechazar:

Rechazo la mentira que mi vida se identifica con el primer Adán y sus pecados. No me identifico como pecador, sino como santo.

La verdad a aceptar:

Acepto la verdad que mi identidad solamente viene del segundo Adán, Jesucristo, quien jamás pecó y que estoy espiritualmente vivo en Cristo y sentado en lugares celestiales con él para siempre.

Oración para hoy:

Querido Padre celestial: He sufrido rechazo, culpa y vergüenza y, a veces, me he sentido débil e indefenso. Sé que esto se debe a la caída del hombre y al pecado en mi vida. Gracias por proveerme una vía de escape a mis problemas. Me doy cuenta que no puedo tener relación alguna contigo basada en mis propias obras. Pero te agradezco que en Cristo estoy perdonado y tengo vida eterna. Ya no me quiero identificar más con el primer Adán sino con el último Adán, Jesucristo. Acepto el amor y la aceptación que tengo en él. Oro en el nombre de Jesús. Amén.

Día 14

A la iglesia de Dios que está en Corinto, a los santificados en Cristo Jesús, llamados a ser santos con todos los que en cualquier lugar invocan el nombre de nuestro Señor Jesucristo

1 Corintios 1:2

De vez en cuando, fíjate con qué frecuencia la Biblia identifica a los cristianos con "santos". La palabra "santo", literalmente, quiere decir "persona consagrada". Los escritores del Nuevo Testamento usaron la palabra "santo" para describir a los creyentes comunes y corrientes como nosotros. ¡Como tú!

Algunas personas tienen la idea que podemos ostentar el encumbrado título de santo viviendo de buena manera o alcanzando un cierto grado de madurez. Pero Pablo no dice que somos santos como consecuencia del duro esfuerzo. Él claramente afirma que somos "llamados a ser santos". Somos santos porque Dios nos llama santos y porque estamos vivos en Cristo.

Muchos cristianos dicen ser "pecadores salvos por gracia". ¿Pero, realmente, somos pecadores? No. Eso éramos antes de aceptar a Cristo. Dios no nos llama pecadores; él nos llama santos, consagrados, hijos de Dios espiritualmente vivos. Si tú crees que eres pecador, ¿sabes qué harás? Probablemente vivirás como un pecador; pecarás. Puede que digas: "pero de vez en cuando, peco ¿eso no me convierte en pecador?" No, porque lo que haces no determina quien eres; lo que eres determina lo que haces. Es lo que Cristo hizo por ti lo que te hace santo, no lo que puedes hacer por ti mismo.

Un integrante del equipo de acróbatas más famoso del mundo, los grandiosos Wallendas, era conocido por sus increíbles hazañas de valentía y arrojo sobre la cuerda floja.

Pero un día, haciendo su entrenamiento de rutina, Willy Wallenda cayó, y murió trágicamente. A medida que se fue conociendo su historia, la gente comenzó a mencionar que él había predicho su caída. Él tenía el presentimiento que se iba a caer. Recuerda que lo que pensamos determina cómo nos comportamos (Proverbios 23:7). Wallenda creía que se iba a caer ¿y qué pasó? Se cayó. Lo que creemos afecta como vivimos. Satanás no puede hacer nada para dañar nuestra posición e identidad en Cristo. Pero, sí puede engañarnos para que creamos sus mentiras que somos pecadores y Dios no nos acepta entonces, viviremos como si no tuviésemos ninguna posición o identidad en Cristo. No creas lo que el diablo o el mundo dicen de ti. Cree lo que Jesús dice respecto a ti. Él es quien está diciendo la verdad. ¡Él te conoce a fondo!

Somos santos por gracia de Dios, santificados porque estamos en Cristo Jesús. Todo hijo de Dios es un santo porque está *en* Cristo. Tenemos una tremenda herencia en Cristo. "Bendito sea el Dios y Padre de nuestro Señor Jesucristo, que nos bendijo con toda bendición espiritual en los lugares celestiales *en Cristo*, según nos escogió *en él* antes de la fundación del mundo" (Efesios 1:3-4; énfasis agregado).

En el libro de Efesios hay 40 referencias a que estás en Cristo y que Cristo mora en ti. Y cada vez que la Biblia habla de Cristo en ti, puedes encontrar 10 versículos que hablan de que tú estás en él. Sigue leyendo Efesios 1 y fíjate cuántas veces encuentras esta verdad. En el versículo 7 encuentras: "*en él* tenemos redención", en el versículo 11: "*en él* fuimos escogidos". En el versículo 12 dice que tu esperanza descansa *en Cristo*. El versículo 13 dice que has sido incluido *en Cristo* cuando escuchaste la palabra de verdad.

La increíble obra de redención de Cristo es lo que te hace santo. Nuestra vieja naturaleza es reemplazada por algo que no existía antes en nosotros. Somos declarados nueva creación (2 Corintios 5:17; Gálatas 6:15) Esta nueva vida es la vida de Jesús dentro del creyente (Gálatas 2:20; Colosenses 3:3). Llegas a ser un Espíritu con el Señor (1 Corintios 6:17). En el vivir cotidiano, al cristiano se le insta a revestirse del "nuevo hombre" (Efesios 4:24) Por fe, debemos vivir a la luz de nuestra verdadera identidad, de quiénes somos realmente en Cristo Jesús.

Pablo identifica al creyente con Cristo:

En su muerte	Romanos 6:3,6; Gálatas 2:20; Colosenses 3:1-3
En su sepultura	Romanos 6:4
En su resurrección	Romanos 6:5,8,11
En su vida	Romanos 5:10-11
En su poder	Efesios 1:19-20
En su herencia	Romanos 8:16-17; Efesios 1:11-12

Dios te llama santo. La asombrosa verdad debería aplastar las mentiras que el mundo y Satanás quieren que creas. ¿Puedes identificar cualquier mentira o engaño que te pudiera haber sido arrojada por el enemigo? Renuncia a las mentiras en voz alta. ¡No dejes que el enemigo te enceguezca a la verdad de tu asombrosa identidad!

Una persona sugirió: "Sería engreído si creyese que soy santo". La respuesta es: "No, estarías derrotado si no lo creyeses". Tú no eres lo que eres en Cristo como consecuencia por las cosas que has hecho sino debido a lo que él ha hecho. Él murió y resucitó para que tú y yo pudiésemos vivir en la libertad de su amor.

La Biblia nos asegura en Gálatas 4:6-7 "Y por cuanto sois hijos, Dios envió a vuestros corazones el Espíritu de su Hijo, el cual clama: ¡Abba, Padre! Así que ya no eres esclavo, sino hijo; y si hijo, también heredero de Dios por medio de Cristo". En otras palabras, tienes una relación filial con tu Padre celestial. Este debe ser el rol primordial del Espíritu Santo. "El Espíritu Santo da testimonio a nuestro espíritu, de que somos hijos de Dios" (Romanos 8:16)

¿Qué verdades acerca de tu identidad puedes arrojarle a Satanás a la cara cuando te acuse y te tiente a creer sus engaños acerca de quién eres?

En una tarjeta, escribe de un lado la mentira que Satanás quiere hacerte creer. Del otro lado, escribe una de las verdades de la lista de "Quién soy" que destruyen mejor la mentira de Satanás. Toma otras tarjetas y escribe, por lo menos, cinco mentiras más y la respuesta verdadera.

La mentira a rechazar:

Rechazo la mentira de que soy un pecador y que tengo que pecar o volver a hacer las cosas que hacía antes de conocer a Cristo.

La verdad a aceptar:

Acepto la verdad que soy un santo, un consagrado en Cristo Jesús y libre para obedecerle.

Oración para hoy:

Querido Padre celestial: He renunciado a la mentira de que soy un pecador. Reconozco que soy, verdaderamente, un santo, santificado no por algo que yo haya hecho, sino por lo que Cristo hizo por mí cuando me redimió de mis pecados. Por fe, recibo mi verdadera identidad de santo. Te pido que me llenes con tu Espíritu Santo y me capacites para vivir con mi auténtica identidad de hijo tuyo para no pecar. Quiero caminar en la verdad y no seguir ni creer ningún engaño proveniente del enemigo para poder glorificarte a ti. Oro en el nombre de Jesús. Amén.

Día 5

> *Pero Dios, que es rico en misericordia, por su gran amor con que nos amó, aun estando nosotros muertos en pecados, nos dio vida juntamente con Cristo (por gracia sois salvos) y juntamente con él nos resucitó, y asimismo nos hizo sentar en los lugares celestiales con Cristo Jesús.*
>
> Efesios 2:4-6

Hace unos años atrás, me invitaron (Neil) a hablar en una convención de vendedores de libros. Había una cena antes de mi charla y a quienes íbamos a sentarnos en la mesa principal nos pidieron que fuésemos temprano para que nos mostraran cómo debíamos entrar. Marchamos por el recinto acompañados por los acordes de "Cuando los santos vienen marchando". Luego nos paramos detrás de la mesa hasta que el maestro de ceremonia anunció: "Damas y caballeros, esta es su mesa principal". La audiencia aplaudió cortésmente y nos permitieron tomar asiento. Esta era la primera vez que me trataban con tan real protocolo , y, francamente, me sentí un tanto ridículo. Los preparativos para la ubicación siempre fueron parte del protocolo. Las tradiciones cambian de cultura en cultura, pero los lugares asignados siempre denotan cierto grado de honor o la carencia del mismo.

¿Te puedes imaginar el honor de estar sentado con Cristo en los lugares celestiales? Las riquezas de su gracia son incomparables. ¡El que él quiera darnos ese privilegio está más allá de nuestra comprensión! ¿Te das cuenta la increíble bondad de nuestro Señor al decirle al mendigo, quien sólo había recibido rechazo: "Ven, siéntate conmigo a mi derecha".

La ubicación a la derecha del trono de Dios es el centro de autoridad y poder de todo el universo. Ese poder se le otorgó al Señor resucitado. La elevación de su pueblo con él a los lugares celestiales, significa que compartimos su auto-ridad. Vamos a sentarnos con él como herederos. "El Espíritu mismo da testimonio a nuestro espíritu, de que somos hijos de Dios. Y si hijos, también herederos; herederos de Dios y coherederos con Cristo, si es que padecemos juntamente con él, para que juntamente con él seamos glorificados" (Romanos 8:16-17).

La importancia de esto no puede ser exagerada. Puede que sientas como que estás atrapado en medio de dos fuerzas iguales y opuestas. Satanás de un lado y Dios del otro. Si crees que este es un cuadro verdadero, estás engañado. La verdad es que Dios sabe todo, tiene todo el poder y es bueno y amante en todos sus caminos. Satanás es un enemigo derrotado y nosotros estamos en Cristo, sentados con él en los cielos. Mira el paralelo en Colosenses 2:9-11,13-15. "Porque *en él* habita corporalmente toda la plenitud de la Deidad, y vosotros estáis completos *en él*, que es la cabeza de todo principado y potestad. En él también fuisteis circuncidados con circunci-sión no hecha a mano, al echar de vosotros el cuerpo pecami-noso carnal, en la circuncisión de Cristo... Y a vosotros, estando muertos en pecados y en la incircuncisión de vuestra carne, os dio vida juntamente con él, perdonándoos todos los pecados, anulando el acta de los decretos que había contra nosotros, que nos era contraria, quitándola de en medio y clavándola en la cruz, y despojando a los principados y a las potestades, los exhibió públicamente, triunfando sobre ellos en la cruz" (énfasis agregado).

Solamente podemos delegar responsabilidades cuando tenemos autoridad para hacerlo. Debido a que estamos sen-tados con Cristo, tenemos autoridad sobre el reino de las tinieblas. Pero nuestra autoridad no es independiente. No tenemos la autoridad de hacer lo que se nos ocurra. Eso no significa tampoco autoridad sobre los demás porque debemos "someternos unos a otros en el temor de Dios" (Efesios 5:21).

Lo que sí tenemos es la autoridad para hacer la voluntad de Dios.

En 1969, un cierto doctor estaba haciendo una investigación sobre una terrible enfermedad, llamada a veces la enfermedad del sueño. Esta enfermedad hace que quienes la padecen tiemblen incontrolablemente hasta dejarlos helados. Como estatuas, se quedan completamente inmóviles. Lo que es peor, sus mentes se cierran también; no pueden recordar los detalles más sencillos de sus vidas. Un día, este médico estaba experimentando con una droga sintética llamada El-Dopa. Lo que sucedió fue asombroso. Los pacientes a quienes se les suministró la droga se despertaron. Podían hablar, moverse libremente y recordaron todo. Tristemente, ese despertar sólo duró tres meses; luego, los pacientes volvieron a su estado paralizado.

Para muchos jóvenes, la vida cristiana está llena de despertares intermitentes. Algunos van a los campamentos de verano y reconsagran sus vidas a Cristo sólo para dejar a un lado su compromiso cuando comienzan las clases. Otros escuchan un poderoso sermón y sus vidas son conmovidas. Están en fuego por el Señor, pero sólo por corto tiempo. Muy pronto vuelven a la antigua manera de pensar y creer. ¿Por qué? Muchos jóvenes cristianos se identifican con el primer Adán...con el Adán que pecó. Pero aquellos que han confiado en Cristo ya no se identifican con Adán y su pecado sino con Jesús y su justicia. No estamos fuera de la presencia de Dios como le pasó a Adán. Estamos sentados con Cristo en los lugares celestiales. La diferencia entre Adán y Cristo es eternamente insondable. ¿Con quién te identificas tú?

Nuestra relación espiritual con Dios es completa y eterna porque está provista por Cristo. La vida cristiana no es una serie de cortos períodos de vigilia. Cuando naciste espiritualmente, Dios escribió tu nombre en el libro de la vida de Jesús y te convertiste en ciudadano del cielo (mira Apocalipsis 21:27). Mientras Cristo permanezca vivo espiritualmente, nosotros permanecemos vivos espiritualmente y eso es para siempre.

¿Qué significa la frase "en Cristo" para ti? ¿Cómo afecta tu vivir diario? ¿Qué quiere decir estar espiritualmente vivo en Cristo? El verte sentado en los lugares celestiales como hijo de Dios ¿cómo te ayuda a vivir una vida cristiana mejor?

La mentira a rechazar:

Rechazo la mentira que no tengo poder o autoridad sobre Satanás y sus huestes.

La verdad a aceptar:

Acepto la verdad que en Cristo tengo poder y autoridad sobre Satanás y el pecado.

Oración para hoy:

Querido Padre celestial: Casi no puedo creer que tú me des el honor de sentarme a tu mano derecha. Pero sé que tu Palabra es verdad ¿cómo dudar, entonces? No hay mayor posición de honor que esa y tú me la has dado a mí. Señor, agradezco tu bondad. Gracias por el poder y la autoridad que me has dado en Cristo. Renuncio a la mentira de Satanás de que no tengo autoridad sobre él. Señor, sé que no tengo autoridad separado de ti, pero reconozco que tengo autoridad en Cristo porque estoy sentado con él en los lugares celestiales.

Extras extremas

Escudriña la Palabra

(Escribe lo que estos versículos dicen de ti

(Mateo 5:13,14): _______________________________

(Juan 1:12): _______________________________

(Juan 15:1,5,15,16): _______________________________

(Hechos 1:8): _______________________________

(Romanos 6:18,22): _______________________________

(Romanos 8:14,15): _______________________________

(Gálatas 3:26; 4:6): _______________________________

(Efesios 6:10): _______________________________

Abre tu mente

(Memoriza Juan 1:12)

Mas a todos los que le recibieron, a los que creen en su nombre, les dio potestad de ser hechos hijos de Dios.

Exprésate

2

Más allá de la generación X

Cómo te ves a ti mismo

*Por tanto, recibíos los unos a los otros, como también
Cristo nos recibió, para gloria de Dios.*

Romanos 15:7

El mundo dice que eres la generación X; ¡tu generación
no tiene propósito ni objetivo en la vida! ¿Están en lo cierto?
¡De ninguna manera! Dios quiere usar tu generación para
cumplir la gran comisión. Tu generación es la que seguramente verá el regreso de Cristo. Dios está llamando a tu generación para hacer un auténtico y duradero avivamiento en su
cuerpo, la iglesia. Eso no nos parece como que sea la Generación X.

Al mundo le gustaría rechazar a esta generación. El
rechazo es una de las experiencias más dolorosas que el ser
humano conoce. Años atrás, estaba en (Neil) un devocional
con mis hijos y surgió la pregunta: ¿Qué es el rechazo? Mi
hija Heidi contestó bien, pero mi hijo Karl profundizó aguda-
mente diciendo: "Yo sé. El rechazo es cuando Juancito ya no
quiere jugar conmigo y yo tengo que jugar con Heidi". El
amor incondicional y la aceptación es una de las necesidades
básicas de la humanidad. Aún así, frecuentemente, el mundo
le dice a los cristianos: "Ustedes no son bienvenidos acá. No
los queremos o necesitamos".

¿Te has dado cuenta cómo los chicos se esfuerzan por ser
aceptados y aprobados? "¿Te gusta mi dibujo?" preguntan
cientos de veces. "¡Mira lo que puedo hacer!" El sistema
social en el que la mayor parte de nosotros hemos crecido nos
programó para creer que si tenemos buena presencia, nos
desarrollamos bien o poseemos cierta cantidad de estatus
social, seremos alguien. Pero hagamos lo que hagamos para
ser aprobados, siempre nos quedamos cortos. Cualquier altura de autoidentidad que logremos alcanzar, se vendrá al suelo
bajo la presión de rechazo o la crítica autocondenatoria. No

podemos hacer nada para calificar para un voluntario e incondicional amor. Trabajamos con la falsa premisa que si vivimos perfectamente todo el mundo nos aceptará, mientras que hay uno que vivió perfectamente y muchos lo rechazaron.

Comprender y recibir el amor incondicional de Dios es fundamental para el crecimiento futuro. No tenemos que hacer nada para ganarnos la aceptación de Dios. Dios nos acepta completamente así como somos. Nuestras acciones y obras serán una respuesta al amor de Dios, no un intento por ganar su favor.

Encontrar nuestra aceptación en Cristo sirve como el fundamento para las relaciones con las demás personas. Pablo escribe en Romanos 15:7: "Recibíos los unos a los otros, como también Cristo nos recibió, para gloria de Dios". Nuestra necesidad de aceptación y pertenencia es legítima; fue dada por Dios. Pero si queremos conseguirlas fuera de Dios, estamos destinados a recibir el disgusto que trae la vida independiente. Pedro advierte que dejemos a un lado la búsqueda de la aprobación del ser humano:

> *"Desechando, pues, toda malicia, todo engaño, hipocresía, envidias, y todas las detracciones, desead, como niños recién nacidos, la leche espiritual no adulterada, para que por ella crezcáis para salvación, si es que habéis gustado la benignidad del Señor. Acercándoos a él, piedra viva, desechada ciertamente por los hombres, mas para Dios escogida y preciosa, vosotros también, como piedras vivas, sed edificados como casa espiritual y sacerdocio santo, para ofrecer sacrificios espirituales aceptables a Dios por medio de Jesucristo .*

1 Pedro 2:1-5

La malicia es una conducta débil que busca hacer quedar mal a los demás para abrirnos nuestro camino. Generalmente surge debido a nuestro sentimiento de incapacidad, para sentirnos completos, miramos en otros lo que nos falta a nosotros.

La presión del grupo es fuerte y la búsqueda de aprobación tan poderosa, que los jóvenes, con frecuencia, comprometen hasta sus creencias básicas para ganar la aceptación de los demás. La falta de aceptación hace que la gente a veces comience a manipular a otros o a presentar una falsa imagen para lograr aprobación. Cuando esto falla, envidian a quienes parecen tener lo que ellos quieren y eso los lleva a lastimar a la persona que envidian. ¡Tan poderosa y malévola es la necesidad interior del hombre de ser aceptado separado de Dios!

Pero cuando sabes que estás en Cristo, ya no necesitas sentirte amenazado por la gente o competir con alguien porque ya eres aceptado y amado. El bebé recién nacido no sabe nada de ardides, hipocresía y envidias. Los cristianos somos como los bebés, recién nacidos en Cristo, anhelamos la leche pura de la Palabra porque allí descubrimos nuestra verdadera identidad. Seguramente, algunas veces experimentaremos rechazo de parte de la gente, pero nuestro Padre celestial jamás nos echará a un lado. Él ha prometido no dejarnos ni abandonarnos jamás.

La mentira a rechazar:

Rechazo la mentira de no ser aceptado o que debo ganarme el amor y la aprobación de Dios.

La verdad a aceptar:

Acepto la verdad que Dios me ama y me acepta incondicionalmente.

Oración para hoy:

Querido Padre celestial: Oro para que me abras los ojos y pueda conocer y recibir personalmente tu amor y aceptación incondicionales. Renuncio a las mentiras de Satanás que cuestionan tu amor e insiste en que debo ganarme tu amor y aprobación. Decido creer que soy acepto en Cristo.

Te pido que tu gracia me sustente al enfrentarme al rechazo de la gente. Por favor, capacítame para estar firme contra la presión de mis compañeros que intentan hacerme ceder. Oro en el precioso nombre de Jesús. Amén.

Día 7

Mas a todos los que le recibieron, a los que creen en su nombre, les dio potestad de ser hechos hijos de Dios; los cuales no son engendrados de sangre, ni de voluntad de carne, ni de voluntad de varón, sino de Dios.

Juan 1:12-13

Tú eres un hijo de Dios; este es un derecho otorgado por Dios. Cuando vi (Dave) a mi primer hijo venir al mundo, decidí ponerle mi nombre, primero y último. No solamente que el pequeño Dave lleva mi nombre sino que mi sangre corre por sus venas. ¿Hay algo que el pequeño Dave pueda hacer para cambiar esa relación de sangre conmigo, su padre? ¿Y si se escapa de casa y se cambia el nombre? ¿Y si me repudia? ¿Seguiría siendo mi hijo? ¡Por supuesto! Estamos emparentados por sangre y no hay nada que pueda cambiar ese hecho. Ahora bien, ¿hay algo que él puede hacer que afecte nuestra manera de llevarnos como padre e hijo? ¡Sí! Cada vez que el pequeño Dave me desobedezca, la armonía de nuestra *camaradería* se interrumpe, pero nuestra *relación* jamás. Él es siempre mi hijo y yo siempre lo amo y lo acepto.

Cuando tú cometes un pecado, no destruyes la relación con Dios. Estás vinculado a él por medio de la sangre de Jesucristo: "Sabiendo que fuisteis rescatados de vuestra vana manera de vivir, la cual recibisteis de vuestros padres, no con cosas corruptibles, como oro y plata, sino con la sangre preciosa de Cristo, como de un cordero sin mancha y sin contaminación" (1 Pedro 1:18-19). Tu comunión con Dios sufrirá cuando desobedezcas su voluntad, pero has nacido de nuevo a la familia de Dios. Eres un hijo de Dios para siempre. Él siempre te amará y te aceptará. Cuando pecas, no es necesario que vuelvas a aceptar a Cristo, simplemente, necesitas volver a la camaradería confesando tu pecado y renunciando a la manera en que te comportaste (mira 1 Juan 1:9).

Entonces ¿dónde debes colocar tu esfuerzo en el proceso de crecimiento espiritual y madurez? No en tu relación de Dios porque no puedes hacer nada para mejorarla; solamente puedes continuar creyendo lo que es verdad. Eres un hijo de Dios si has recibido a Cristo en tu vida por fe punto . En cambio, trabaja para tener comunión con Dios; decídete a creer en tu corazón lo que él dice que es cierto y obedécelo. El resultado será un auténtico crecimiento espiritual y paz con Dios al crecer y tener comunión con él.

Yo puedo decidir desobedecer y no vivir más en armonía con mi Padre celestial, pero eso no afectaría mi relación sanguínea. Y, siempre que determines creer la verdad y responder por fe en obediencia a Dios, vivirás en armonía con él. Es fundamental hacer esta distinción. Si yo creyera que es mi obediencia lo que determina mi estabilidad en la relación con Dios, estaría nuevamente sujetándome al legalismo. Lógicamente, llegaría a la conclusión de que si desobedezco a Dios perderé mi relación filial con él. Pero eso no es verdad; somos salvos por gracia, por medio de la fe, no por obras. Por otro lado, están quienes dicen: "Sé que Dios jamás me dejará", pero no logran vivir una vida victoriosa porque no le obedecen. Pero Jesús dijo: "El que me ama, mi palabra guardará" (Juan 14:23).

No somos salvos por como nos *comportemos*. Somos salvos por lo que *creemos*. Cuando comenzamos una relación con Dios por fe, podemos exclamar con Juan: "Mirad cuál amor nos ha dado el Padre para que seamos llamados hijos de Dios ... Amados, ahora somos hijos de Dios, y aún no se ha manifestado lo que hemos de ser; pero sabemos que cuando él se manifieste, seremos semejantes a él, porque le veremos tal como él es. Y todo aquel que tiene esta esperanza en él, se purifica a sí mismo, así como él es puro (1 Juan 3:1-3).

Este importante pasaje nos lleva nuevamente a pensar lo fundamental que es que sepamos que somos hijos de Dios, porque nos sirve de cimiento para vivir. La manera en que nos veamos a nosotros mismos tendrá un poderoso efecto en la manera en que vivamos.

Cuando Jesús instruyó a sus discípulos cómo orar ¿cómo empezó? Comenzó diciendo "Padre nuestro". Esta es la más importante intimidad y relación personal que podemos tener al dirigirnos a Dios. Y, si él es nuestro Padre, entonces, nosotros somos sus hijos. ¿Tienes esta seguridad? Si no es así, hazlo ya, de una vez y para siempre.

Si no estás seguro de tu relación con Dios, te exhorto a hacer esta oración:

> *Querido Padre celestial, gracias por morir en la cruz en mi lugar, cargando con mi pecado. Me doy cuenta que no puedo tener una relación contigo basada en mis obras. Te agradezco que en Cristo estoy perdonado y ahora mismo te pido que vengas a mi corazón. Te recibo en mi vida. Creo que Jesús murió por mi pecado, resucitó al tercer día y confieso con mi boca que Jesús es Señor.*

Después de aceptar a Cristo ¿por qué nuestro pecado afecta nuestra comunión con Dios y no nuestra relación con él?

¿Cómo puedes enriquecer tu comunión con tu Padre celestial?

La mentira a rechazar:

Rechazo la mentira que puedo perder mi salvación cuando fallo en vivir en perfecta fe y obediencia, o que mi relación con Dios puede romperse debido a mi pecado.

La verdad a aceptar:

Acepto que no hay nada que pueda separarme del amor de Dios y que soy para siempre su hijo por medio de la sangre de Cristo.

Oración para hoy:

Vengo a ti como tu hijo. Te agradezco por darme vida eterna. Renuncio a cualquier mentira de Satanás que diga que no tengo derecho a ser llamado hijo tuyo. Te agradezco por darme ese derecho. No voy a volver a poner mi confianza en mí mismo; mi confianza está en ti y en el hecho que soy salvo, no por lo que haya hecho sino por lo que tú hiciste por medio de Cristo en la cruz. Acepto ser un hijo de Dios por el regalo gratuito que me has dado. Lo recibo contento y lo acepto por toda la eternidad. Oro en el nombre de Jesús. Amén.

Día 8

...dando gracias al Padre que nos hizo aptos para participar de la herencia de los santos en luz; el cual nos ha librado de la potestad de las tinieblas, y trasladado al reino de su amado Hijo, en quien tenemos redención por su sangre, el perdón de pecados.

Colosenses 1:12-14

En Cristo, eres declarado justo y eres aceptado completamente por Dios. Pero, si eso es cierto ¿por qué nuestro comportamiento no es perfecto? ¿Por qué, a veces, pecamos? Pablo escribió en Romanos 7:19: "Porque no hago el bien que quiero, sino el mal que no quiero, eso hago". Es claro que pecamos. Entonces ¿somos santos o no? ¿Cuál es nuestra verdadera naturaleza? Dios dice que "no vivimos según la carne sino el espíritu". O eres uno o lo otro, no mitad y mitad. Efesios 5:8 dice: "Porque en otro tiempo erais tinieblas mas ahora sois luz en el Señor; andad como hijos de luz". La luz y las tinieblas no están peleándose por tomar el control dentro de ti. Cuando confías en Cristo, las tinieblas desaparecen y eres luz. La Biblia dice: "Si alguno está en Cristo, nueva criatura es; las cosas viejas pasaron he aquí todas son hechas nuevas" (2 Corintios 5:17). ¿Eso suena como si fueses en parte una nueva criatura y en parte vieja, y que ambas están batallando por tomar el control dentro de ti? ¡En absoluto!

Si tú crees que eres en parte luz y en parte tinieblas, parte santo y parte pecador, vivirás una vida infructuosa con muy poco que te diferencie de los no cristianos. Puede que confieses tu tendencia a pecar y trates de mejorar pero vivirás una constante derrota porque te verás como un pecador que se mantiene colgado hasta que Jesús venga.

Satanás sabe que no puede hacer nada acerca de quién tú eres en Cristo. Pero sí puede hacerte creer que no eres diferente a los no cristianos, no te comportarás de manera diferente.

La obra de Dios de cambiar pecadores a santos es uno de sus grandes logros en la tierra. Tu cambio interno (justificación), cuando Dios te quitó el pecado y te dió su justicia, sucedió en el momento en que confiaste en Cristo. El cambio externo (santificación) el aprender a pensar y actuar como Cristo continúa a lo largo de toda la vida. Debes aceptar la verdad que eres una nueva creación para poder vivir la verdadera plenitud de vida en el Espíritu.

Cuando empezaste tu relación espiritual o unión con Dios por medio del nuevo nacimiento, no agregaste una nueva naturaleza divina a la vieja y pecaminosa. Intercambiaste naturalezas. Eras, por naturaleza, hijo de ira (Efesios 2:1-3); ahora eres partícipe de la naturaleza divina (2 Pedro:1-4). La salvación es algo más que el perdón de pecados y un boleto gratis al cielo cuando te mueras. *La salvación no es un agregado, es una completa transformación.* Dios te transformó de las tinieblas a la luz, de pecador a santo. Hay algo nuevo en ti que no estaba anteriormente. Si Dios no hubiese cambiado lo que eras con la salvación, no serías nada más que un producto de tu pasado. El recibir la naturaleza de Dios es básico para tu identidad y madurez en Cristo.

Como nuevo cristiano, eras como un trozo de carbón, sin atractivo, conflictivo para trabajar contigo, y en cierta medida, frágil. Con tiempo y presión, el carbón se endureció y se embelleció. Aunque el trozo original de carbón no es un diamante, contiene las sustancias suficientes para convertirse en tal. Tú no eres una mezcla de naturalezas o poseedor de dos naturalezas, sino que eres portador de una naturaleza divina. Todavía no estás completamente santificado, eso significa que no reflejas a Cristo en todas las áreas de tu vida, por ahora. Pero el proceso de llegar a ser más como Cristo ha comenzado debido a que la correcta sustancia (la nueva naturaleza) está presente en ti.

El tema no es mejorar tu vieja naturaleza, eso ya está dado. El tema es aprender a caminar en armonía con tu nueva naturaleza. "Pero los que son de Cristo han crucificado la carne con sus pasiones y deseos" (Gálatas 5:24). La presencia de tu nueva naturaleza te permite, no sólo actuar como Cristo, sino *ser* como Cristo.

Por lo tanto, no nos convertimos en cristianos actuando como cristianos. Con Dios no actuamos. Él sabe que no podemos resolver el problema de nuestra vieja naturaleza pecaminosa simplemente mejorando nuestro comportamiento. Él sabía que tenía que cambiar nuestra naturaleza completamente lo que éramos y darnos un nuevo ser, la vida de Cristo en nosotros.

La mentira a rechazar:

Rechazo la mentira que no soy nada sino producto de mi pasado, un pecador que no puede vivir una vida recta. ¡Soy una nueva criatura en Cristo!

La verdad a aceptar:

Acepto la verdad de haber sido rescatado del dominio de las tinieblas y puesto en el reino de Jesús, que soy un santo debido a la obra de Jesús en la cruz. Acepto la verdad que mi vieja naturaleza fue crucificada con Cristo y que ya no tengo que someterme al poder del pecado.

Oración para hoy:

Querido Padre celestial: Creo lo que tu Palabra dice acerca de mí aunque parezca demasiado bueno para ser cierto. No dejaré que Satanás me haga creer que todavía estoy en tinieblas y que tengo que pecar. Decido decirle que no al pecado y sí a ti y caminar en tu luz. Señor, quiero creerte y creer tu Palabra. Gracias, Señor, por tu gracia y por el regalo de una vida completamente nueva. Sé que sin el control espiritual en mi vida y en mi naturaleza, no tendría poder para ser la clase de hijo que tú quieres que sea. Enséñame a caminar en el Espíritu por fe. Decido no violar mi nueva naturaleza y mi nueva identidad sirviendo a mis instintos. Señor, ayúdame a no actuar independiente de ti sino a seguir tus caminos. Oro en el nombre de Jesús. Amén.

Día 9

Si, pues, habéis resucitado con Cristo, buscad las cosas de arriba, donde está Cristo sentado a la diestra de Dios. Poned la mira en las cosas de arriba, no en las de la tierra. Porque habéis muerto, y vuestra vida está escondida con Cristo en Dios

Colosenses 3:1-3

¿Sentiste alguna vez como que eras el único cristiano en todo el planeta que tenía luchas? ¿Y que todos los demás parecían tener su vida espiritual en orden? Bueno, a Satanás le gusta que pensemos así porque eso nos aísla y nos hace temerosos para pedir ayuda. A Satanás le agrada hacernos creer que solamente la gente débil necesita ayuda. Él dice cosas como: "Los verdaderos cristianos nunca tienen luchas" o "si tienes luchas, no eres cristiano". Pero todos necesitamos a Dios y nos necesitamos los unos a los otros desesperadamente.

Hace algunos años me visitó (Neil) un pastor quien confesó: "Estuve luchando por llevar una vida cristiana victoriosa durante 20 años. Sé cuál es mi problema. Colosenses 3:3 dice: 'Porque habéis muerto y vuestra vida está escondida con Cristo en Dios'. He estado luchando todos estos años porque no había muerto como dice este versículo. Neil ¿cómo lo hago?"

Morir no es tu problema le dije . Lee el versículo de nuevo, un poco más despacio.

Porque habéis muerto y vuestra vida está escondida con Cristo en Dios. Lo sé, ese es mi problema. ¿Cómo lo hago?

-Vuélvelo a leer lo presioné . Un poquito más lento.

Porque habéis muerto... y de repente, una luz se encendió en su entendimiento . ¡Eh! Ese es tiempo pasado ¿verdad?

Absolutamente. Tu problema no es el morir. Ya estás muerto. Moriste en la salvación. No me sorprende que hayas luchado como cristiano. Has estado tratando de hacer algo que ya estaba hecho, y eso es imposible. La muerte a la que se refiere Pablo en Colosenses 3:3 no es algo que Dios espera que tú hagas. Él espera que sepas, aceptes y creas. Muchos cristianos están tratando desesperadamente de ser algo que ya son. Tú no puedes hacer por ti mismo lo que Cristo ya ha hecho por ti.

Gracias a la increíble manera en que Dios nos sacó del pecado por medio de la muerte de Cristo en la cruz, tu viejo hombre ahora ha sido reemplazado por uno nuevo y controlado por una nueva naturaleza. Segunda de Corintios 5:17 dice: "De modo que si alguno está en Cristo nueva criatura es; las cosas viejas pasaron; he aquí todas son hechas nuevas". Cuando recibes a Cristo, tu viejo hombre muere porque Cristo murió y tu nueva naturaleza nace a la vida porque él resucitó. Primera de Corintios 15:20-22 declara: "Mas ahora Cristo ha resucitado de los muertos; primicias de los que durmieron es hecho. Porque por cuanto la muerte entró por un hombre, también por un hombre la resurrección de los muertos. Porque así como en Adán todos mueren, también en Cristo todos serán vivificados".

La nueva vida que caracteriza tu nueva naturaleza no es nada menos que la vida de Jesucristo implantada en ti. Gálatas 2:20 nos recuerda: "Con Cristo estoy juntamente crucificado, y ya no vivo yo, mas Cristo vive en mí; y lo que ahora vivo en la carne, lo vivo en la fe del Hijo del Dios, el cual me amó y se entregó a sí mismo por mí". Y Colosenses 3:4 dice: "Cuando Cristo, vuestra vida, se manifieste, entonces vosotros también seréis manifestados con él en gloria".

Todos nosotros debemos aprender a basar nuestro comportamiento en nuestro Maestro y en nuestro nuevo hombre que está unido a la naturaleza de Cristo. Debemos aprender cómo reemplazar esos viejos patrones de pensamientos que automáticamente responden a nuestra entrenada carne pecaminosa. La transformación se llevará a cabo a medida que renovemos nuestras mentes con la Palabra de Dios y caminemos en el Espíritu.

¿Alguna vez tuviste luchas por sentir que tu vieja naturaleza todavía no había muerto?

¿En qué momento murió tu viejo hombre? (Vuelve a leer Colosenses 3:3 y Romanos 6:6).

La mentira a rechazar:

Rechazo la mentira de que puedo vencer mi pasado y vivir una vida victoriosa por mi propio esfuerzo y con duro trabajo.

La verdad a aceptar:

Acepto la verdad que por medio de la muerte de Cristo y su resurrección mi vieja naturaleza ha sido sepultada y reemplazada con la vida de Cristo implantada en mí. Soy lo que soy por gracia de Dios.

Oración para hoy:

Querido Padre celestial: Tú pagaste la deuda de todos mis pecados con la muerte de tu hijo Jesús. Gracias por sepultar mi viejo hombre y darme nueva vida en Cristo. Sé que no puedo hacer nada para ser lo que tú ya has hecho de mí. No hay algo que tú esperes que yo haga para que esto sea verdad, es algo que tú esperas que yo crea. Decido aceptarlo y creerlo. Oro en el nombre de Jesús. Amén

——————Día 10——————

Este es mi mandamiento: Que os améis unos a otros, como yo os he amado. Nadie tiene mayor amor que este, que uno ponga su vida por sus amigos. Vosotros sois mis amigos, si hacéis lo que yo os mando. Ya no os llamaré siervos, porque el siervo no sabe lo que hace su señor; pero os he llamado amigos, porque todas las cosas que oí de mi Padre, os las he dado a conocer. No me elegisteis vosotros a mí sino que yo os elegí a vosotros, y os he puesto para que vayáis y llevéis fruto y vuestro fruto permanezca; para que todo lo que pidiereis al Padre en mi nombre, él os lo dé. Esto os mando: Que os améis unos a otros.

Juan 15:12-17

Generalmente, el mundo es un lugar hostil. Fácilmente nos podemos sentir no queridos, como que no le importamos a nadie. Pero hay alguien, alguien muy importante que nos ama. Él sabe bien lo que a ti te interesa. Él estará a tu lado en tus peores momentos; hasta sacrificó su vida para suplir tus necesidades. Por supuesto, estamos hablando de Jesús.

En Cristo tienes el mejor amigo que jamás pudieras tener. Puede que la gente te abandone en momentos conflictivos, pero Jesús te invita a acercarte a él. Él te dice en confianza: "Todas las cosas que oí de mi Padre, os las he dado a conocer" (Juan 15:15). También dice: "Pero cuando venga el Espíritu de verdad, él os guiará a toda la verdad.... Todo lo que tiene el Padre es mío; por eso dije que tomará de lo mío y os lo hará saber" (Juan 16:13,15). Jesús se entrega a nosotros ... lo conocemos ... él nos invita a acercarnos a él ... él es un amigo más cercano que un hermano, aquel que está a nuestro lado en todos los momentos difíciles.

En una ocasión, me invitaron (Dave) a hablar en la India. Me gusta ir a la India, pero al llegar me enfermé y ni siquiera pude caminar y me tuvieron que llevar al hospital. En ese momento necesitaba, verdaderamente, un amigo. Me había intoxicado con la comida y la infección era tan grande que tenía una fiebre de 40 grados. Estaba tan deshidratado que me tenían que dar seis botellas de líquido por vía intravenosa. Estuve tres días en el hospital, pudiendo tomar agua en pequeñas cantidades. Estaba sufriendo y solo. En momentos como esos uno aprecia la visita de algún amigo. Larry Beckner viajaba conmigo y se pasó una noche en el hospital a mi lado. Su presencia y sus oraciones me ministraron verdaderamente.

Así como la presencia de Larry fue tan significativa, sentí también otra presencia que fue aun más consoladora. Clamé a Dios y le dije cómo me sentía. Estaba débil, cansado, del otro lado del mundo y no podía encontrarme más lejos de mi esposa y mis hijos. Estaba solo. Las lágrimas comenzaron a asomarse a mis ojos, no debido al sufrimiento o la soledad sino porque sentí paz. La presencia de Dios estaba ahí mismo, en esa sala de hospital. Jesús me estaba consolando. Había estado allí todo el tiempo. Él está siempre conmigo y contigo.

Jesús es el mejor amigo. Él se sacrificó a sí mismo en la cruz para suplir nuestra mayor necesidad: "En esto hemos conocido el amor, en que él puso su vida por nosotros (1 Juan 3:16). Él es tu amigo porque *él escogió ser tu amigo. Él te escogió a ti.*

¿Alguna vez quisiste que una persona determinada en tu vida fuese tu amiga? Quizás pensaste *voy a hacer todo lo posible para que fulano sea mi amigo* y te desilusionaste porque tenía su propia agenda y no compartía tu mismo sentir. Toma en cuenta lo que ya tienes. Estamos hablando del Dios del universo, esa es la relación más importante y significativa que jamás podrás tener en tu vida. ¡Y él te eligió a ti! ¡Él es tu amigo para siempre!

La mentira a rechazar:

Rechazo la mentira que Dios está lejos y no es mi amigo.

La verdad a aceptar:

Acepto la verdad de que Cristo es mi amigo y que él me eligió a mí para ser su amigo.

Oración para hoy:

Querido Padre celestial: Qué privilegio es poder llamarte Padre. Cuán agradecido estoy porque me hayas escogido para ser tu amigo. Renuncio a la mentira que no soy digno de ser tu amigo porque tú me has hecho digno. Renuncio a la mentira que todo el mundo es tu amigo, excepto yo. Y proclamo la verdad que yo también soy tu amigo porque tú me elegiste. Desde ahora en adelante quiero expresarte mi amor estando abierto y siendo honesto acerca de mí mismo y amándote y siendo auténtico con la gente. Gracias por el privilegio, gracias por el llamado, gracias por elegirme. Oro en el precioso nombre de Jesús. Amén.

Extras extremas

Escudriña la Palabra

Escribe lo que dicen los siguientes versículos acerca de ti.

Romanos 8:17: _________________________________

1 Corintios 3:16; 6:19: _________________________

1 Corintios 12:27: ______________________________

2 Corintios 5:17-19: ____________________________

Gálatas 3:26,28: _______________________________

Gálatas 4:6-7:_________________________________

Efesios 1:1; Filipenses 1:1; Colosenses 1:2: ________

Expande tu mente

Memoriza Gálatas 4:6-7

Por cuanto sois hijos, Dios envió a vuestros corazones el Espíritu de su Hijo, el cual clama: ¡Abba, Padre! Así que ya no eres esclavo, sino hijo; y si hijo, también heredero de Dios por medio de Cristo.

Exprésate

3
Máximo amor
Descubriendo la gracia de Dios

*Porque de tal manera amó Dios al mundo, que ha dado
a su Hijo unigénito para que todo aquel que en él cree, no
se pierda, mas tenga vida eterna.*

Juan 3:16

Jamie no recibió el amor y la aceptación que necesitaba de parte de su padre. Me contó (Dave) que nunca escuchó decir a su padre: "Te quiero" o "Estoy contento de que seas mi hija". Su padre era bondadoso y cariñoso en la iglesia y frente a otras personas, pero en la casa era: "Jamie, ahora estoy muy ocupado" o "Jamie, déjame tranquilo ¿no ves que quiero descansar?" Pero la hermana gemela de Jamie parecía no hacer nada mal; ella era querida y aceptada. "¿Y por qué yo no?" se preguntaba Jamie.

Pero sucedió algo ... ¡un terrible accidente en bicicleta! La ambulancia llegó abriéndose paso con la sirena. Jamie tenía la cabeza abierta y sangraba copiosamente; su ropa estaba sucia y rota. La llevaron urgentemente al hospital. Sus ansiosos padres, hermano y hermana fueron llevados a la sala de emergencia.

Jamie ¿estás bien, querida? le preguntó su madre.

¿Tú quien eres? Contestó Jamie. Su familia estaba perpleja. Jamie no reconoció ni a su propia madre ni padre ... ni siquiera a su hermana melliza. Los médicos le hicieron infinidad de exámenes para tratar de determinar el motivo por el cual Jamie no recordaba. Los días fueron pasando, luego las semanas y los médicos seguían sin encontrar la pista que causaba la misteriosa falta de memoria en Jamie. Le tuvieron que volver a presentar a sus amigos y tuvo que volver a aprender las cosas más elementales.

Pero Jamie escondía un secreto ... un secreto terrible. La verdad era que Jamie estaba tan desesperada por el amor de su padre ¡que fingió tener amnesia! Había preparado el accidente. Hasta se había cortado y raspado la cara para que el accidente pareciera real. Durante dos años Jamie vivió una mentira. ¿Por qué lo hizo? ¿Por qué hizo sufrir tanto a sus padres y a su familia? Porque Jamie pensó que si tuviese la oportunidad de ser otra persona, entonces, su padre la amaría y la aceptaría. Sería buena esta vez ... como su hermana gemela.

Jamie aprendió cuán difícil es vivir una mentira. Me dijo que se había vuelto demasiado complicado. No se acordaba las mentiras que había dicho y a quién se las había dicho. Era demasiado para sobrellevar. Y después de dos años terribles, su padre seguía ignorándola y ella se sentía tan distante y falta de cariño como antes. Finalmente, las mentiras y engaños fueron demasiado para seguir sobrellevando. Le dijo la verdad a su madre. Juan 8:32 dice: "Y conoceréis la verdad y la verdad os hará libres". A pesar que le resultó difícil decir la verdad después de estar mintiendo durante dos años, se sintió bien de haberlo hecho. A Dios le agrada que andemos en la verdad. Tercera de Juan 4 dice: "No tengo yo mayor gozo que este, el oír que mis hijos andan en la verdad". Jamie estaba decepcionada. Ella había creído que si era diferente o más buena, su padre la amaría. Pero uno jamás puede ganarse el amor; o te aman o no te aman.

La imagen que Jamie tenía de su padre terrenal en cuanto a la falta de amor, era la imagen que se formó de Dios. A veces, puede que te sientas como Jamie. Si pudieses cambiar, ser bueno, entonces, Dios te amaría. ¡Escucha! Tú eres su hijo. ¡Él te ama! Él lo demostró mandando a Jesús a morir por ti. Siempre te ha amado y siempre lo hará. Ninguna cosa que hagas hará que él te ame más y nada de lo que hagas hará que te quiera menos.

Probablemente conoces Juan 3:16 de memoria, pero léelo de manera diferente esta vez. "Porque de tal manera Dios amó a (*escribe tu nombre*) que dio a su único Hijo, para que (*tu nombre*) no se pierda sino tenga vida eterna".

Puede que te sientas lejos de Dios. Quizás no sientas que él sea un Padre celestial amoroso para ti. Tómate un tiempo para confesar y renuncia en voz alta a las mentiras que hayas creído acerca de Dios. Luego anuncia la verdad de quién es Dios y cuánto te ama.

Rich Miller, director de los Ministerios para Jóvenes Libertad en Cristo y autor de *To My Dear Slimeball* ha escrito una estupenda guía que te llevará a la verdad acerca de tu Padre celestial. Comienza leyendo en voz alta la frase que escrita en negritas.

La verdad acerca de nuestro Padre celestial

Renuncio a la mentira que mi Padre celestial está:	**Gozosamente acepto la verdad que mi Padre celestial está:**
1. distante y desinteresado.	1. íntimo y participa.
2. insensible y despreocupado.	2. bondadoso y compasivo.
3. duro y exigente.	3. bien dispuesto y lleno de gozoso amor.
4. pasivo y frío.	4. cálido y afectuoso.
5. ausente o demasiado ocupado.	5. siempre conmigo y siempre deseoso de pasar tiempo conmigo.
6. nunca satisfecho con lo que hago o se impacienta y se enoja.	6. paciente* lento para la ira y se complace conmigo en Cristo.
7. rudo* cruel o abusivo.	7. amoroso* amable y protector.
8. tratando de quitarme el gozo y la diversión de mi vida.	8. confiable. Él quiere darme una vida plena; su voluntad es buena* perfecta y aceptable para mí.
9. controlando y manipulando.	9. lleno de gracia y misericordia; él me da libertad para que viva como elija aunque me equivoque.
10. condenando o no perdonando.	10. de corazón tierno y perdonador; su corazón y sus brazos están siempre abiertos para mí.[1]

Recuerda que la verdad que acabas de anunciar acerca de tu Padre celestial es verdad aunque tú no lo sientas así. Si el enemigo te pone pensamientos en tu corazón que se oponen a lo que acabas de proclamar, dile que se marche, y decide creer la verdad. Di la siguiente declaración en voz alta:

La mentira a rechazar:

Rechazo la mentira que a Dios no le importo o no me ama.

La verdad a aceptar:

Acepto la verdad que Dios me ama y se preocupa tanto por mantener una relación conmigo que envió a su Hijo más preciado para morir por mis pecados.

Oración para hoy:

Querido Padre celestial: Gracias por amarme. No pudiste haber demostrado tu amor de manera más grandiosa que al enviar a tu Hijo Jesús a morir por los pecados del mundo y a morir por mí. Verdaderamente eres un Padre celestial amoroso. Señor, ayúdame a comprender las grandes profundidades de tu amor. Te lo pido en el nombre de Jesús. Amén.

——————————Día 12——————————

Justificados, pues, por la fe, tenemos paz para con Dios por medio de nuestro Señor Jesucristo.

Romanos 5:1

La escuela de la pequeña zona rural donde me crié (Neil) dejaba salir a los alumnos temprano los martes en la tarde para instrucción religiosa. Algunos de nosotros íbamos a la iglesia de nuestra elección para recibir una hora de estudio bíblico; los que elegían no ir a la iglesia se quedaban estudiando en la escuela. Un martes en la tarde, un amigo y yo decidimos escaparnos de la escuela y de la iglesia y nos fuimos a jugar. Al día siguiente, el director me llamó y me confrontó con el hecho de haberme escapado de la escuela. Terminó diciendo que había hecho los arreglos para que el jueves y el viernes de esa semana me quedase en casa. Estaba perplejo. ¡De ninguna manera! ¡Me habían suspendido dos días por haberme escapado de la clase de religión! Aquella tarde, al abordar el autobús de regreso a casa, estaba aterrado. Subí lentamente el largo sendero que llevaba a casa, temiendo la ira de mis padres. Pensé en fingir una enfermedad por dos días o vestirme como para ir a la escuela como siempre, pero esconderme en el bosque.... No, no les podía hacer eso a mis padres. La respuesta no era una mentira. Estaba muy intranquilo mientras me acercaba a casa. Como me habían suspendido dos días no había forma que les ocultara a mis padres lo que había hecho. Cuando finalmente se los dije, ellos se sorprendieron, pero, mi madre comenzó a sonreírse. Sin que yo lo supiese, ella había llamado al director esa semana para pedirle que me permitiese faltar esos dos días para ayudar con la cosecha. Yo ya había sido justificado para no ir a la escuela esos dos días.

Muchos jóvenes cristianos temen el tener que encararse con un Dios colérico, sabiendo que él es santo y ellos pecadores. No pueden hacerse a la idea que ya han sido justificados. ¡Jesús ya se hizo cargo de sus pecados! Romanos 5:1 dice claramente que *ya hemos sido justificados* por un padre santo. Jesús ya pagó la penalidad por nuestro pecado, estableciendo la paz con Dios el Padre. Cuando algo ya está hecho, ya no hay nada que puedas hacer. Muchos creyentes tratan desesperadamente de ser algo que ya son, pero la Biblia dice que no puedes hacer por ti mismo lo que ya está hecho por

Cristo. La mentira del enemigo es que debes pagar por tus pecados haciendo obras y así probar tu amor a Dios. Las religiones no cristianas y el ocultismo enseñan eso. Ser justo significa estar perfectamente en línea con el carácter de Dios y las cualidades de bondad y pureza. Pero sabemos que no hemos nacido justos. Romanos 5;18 dice: "Así que, como por la transgresión de uno vino la condenación a todos los hombres, de la misma manera por la justicia de uno vino a todos los hombres la justificación de vida".

Debido al pecado de Adán estábamos perdidos en nuestro pecado, pero debido a la muerte de Cristo, su sepultura y resurrección, aquellos de nosotros que depositamos nuestra confianza en él somos hechos justos. Segunda de Corintios 5:21 dice: "Al que no conoció pecado, lo hizo pecado por nosotros, para que nosotros fuésemos hechos justicia de Dios en él" y Romanos 3:22 nos dice: "La justicia de Dios por medio de la fe en Jesucristo, para todos los que creen en él". Creer significa poner nuestra confianza en él. "Y libertados del pecado vinisteis a ser siervos de justicia" (Romanos 6:18).

La fe es lo único que nos permite entrar en una relación con Dios. Gálatas 2:16 dice: "Sabiendo que el hombre no es justificado por las obras de la ley, sino por la fe de Jesucristo, nosotros también hemos creído en Jesucristo, para ser justificados por la fe de Cristo y no por las obras de la ley, por cuanto por las obras de la ley nadie será justificado". Yo no puedo hacer por mí mismo lo que solamente Cristo podría hacer e hizo por mí.

La preposición "en" juega un papel importante en el Nuevo Testamento. El hecho que tú estés *en Cristo* que estés *en unión* con él significa que estás espiritualmente vivo ... *ya has sido justificado* delante de Dios.

¿Eso qué quiere decir, realmente? Mira Romanos 5:9-11.

"Pues mucho más, estando ya justificados en su sangre, por él seremos salvos de la ira. Porque si siendo enemigos, fuimos reconciliados con Dios por la muerte de su Hijo, mucho más, estando reconciliados seremos salvos por su vida. Y no sólo esto, sino que también nos gloriamos en Dios por el Señor nuestro Jesucristo, por quien hemos recibido ahora la reconciliación".

Tenemos acá cuatro resultados de nuestra justificación, como lo revela Romanos 5:9-11.

Primero, estamos a salvo de la ira de Dios; nuestro futuro está seguro porque la ira de Dios está satisfecha. Puede que digas: "bien, me he salvado de la condenación eterna". Cierto, pero hay mucho más. El segundo resultado de nuestra justificación es que tenemos paz con Dios. Antes, éramos sus enemigos; ahora somos sus amigos. Enfrentarse a Dios sin haber sido justificado puede ser un verdadero desastre. Aquel día que me escapé de la escuela, no ansiaba encontrarme con un juicio, rechazo o castigo de mis padres. El hecho de saber que estaba justificado y perdonado me hubiese hecho correr a sus amantes brazos en vez de quedarme espantado y temeroso. Tenemos paz con Dios. No tenemos que ir detrás de esa paz, ya que por gracia de Dios ya contamos con ella.

¡Pero eso no es todo! Todavía *hay mucho más. El tercer* resultado de nuestra justificación es que somos salvos por medio de su vida. Mi vida presente está en Cristo; gozo de vida espiritual ahora. La vida eterna no es algo que recibimos al morir; la poseemos ahora.

Bueno ¿y eso es todo? ¡No! El *cuarto* y último resultado de nuestra justificación es que también nos gozamos. El propósito de la primera carta de Juan es "lo que hemos visto y oído, eso os anunciamos, para que también vosotros tengáis comunión con nosotros; y nuestra comunión, verdaderamente, es con el Padre, y con su Hijo Jesucristo. Estas cosas os escribimos, para que vuestro gozo sea cumplido" (1 Juan 1:3-4). Muchos cristianos están tratando de apaciguar a un Dios colérico para evitar el castigo cuando en realidad deberían estar buscando un Dios amante cuya justicia fue satisfecha con el sacrificio de su único Hijo. Estamos justificados, por lo tanto tenemos, ahora mismo el gozo de la paz con Dios. Tristemente, muchos cristianos están esperando que el martillo de la justicia de Dios les caiga encima si se salen de la raya o si cometen un error. La buena noticia es que el martillo de Dios ya ha caído sobre Jesucristo. "Al que no conoció pecado, por nosotros lo hizo pecado, para que nosotros fuésemos hechos justicia de Dios *en él*" (2 Corintios 5:21; énfasis agregado).

¿Cómo es justificada una persona? Analiza Romanos 10:10. ¿Cómo se siente uno al saber que ha sido declarado justo a los ojos de Dios debido a la obra terminada de Jesucristo? ¡Escribe lo que sientes! Di en voz alta la siguiente declaración:

La mentira a rechazar:

Rechazo la mentira que yo puedo por mí mismo justificarme con hechos u obras.

La verdad a aceptar:

Acepto la verdad que soy completamente justificado por la muerte de Jesús, su sepultura, y su resurrección.

Oración para hoy:

Querido Padre celestial: Te agradezco que hayas enviado a tu único Hijo a pagar el precio para que yo fuese declarado justo. Acepto por fe que tengo paz contigo por medio de mi Señor Jesucristo quien se encargó de mis pecados. Renuncio a la mentira de que somos enemigos y reclamo la verdad que somos amigos, reconciliados por la muerte de tu Hijo. Me gozo en la vida que ahora tengo en Cristo y miro hacia adelante esperando el día cuando te vea cara a cara. Oro en el nombre precioso de Cristo. Amén.

—————Día 13—————

Mas Dios muestra su amor para con nosotros, en que siendo aún pecadores, Cristo murió por nosotros.

Romanos 5:8

La Biblia usa un término griego específico para el amor de Dios... *ágape*. Seguramente has escuchado esta palabra con anterioridad. Se refiere a una clase de amor sacrificial. El amor de Dios es lo que nos salva del pecado para que podamos pasar la eternidad con Jesús en el cielo. Pero ser cristiano es algo más que conseguir algo; es ser alguien. Jesús dijo: "He venido para que tengan vida y para que la tengan en abundancia" (Juan 10:10). Recibimos algo más que un boleto al cielo cuando aceptamos a Cristo; experimentamos el amor de Dios, paz y gozo. Nuestra relación personal con Dios no comienza cuando llegamos al cielo, empieza en el momento en que confiamos en Cristo. Y el amor de Dios hacia nosotros comienza antes de que pongamos nuestra confianza en él. Romanos 5:8 nos recuerda: "Mas Dios muestra su amor para con nosotros en que siendo aún pecadores, Cristo murió por nosotros". El gran amor de Cristo por nosotros nos saca de la posición de pecadores a la de hijos de Dios. Juan 1:12 declara: "A todos los que lo recibieron, a los que creen en su nombre, les dio potestad de ser hechos hijos de Dios". He escrito (Dave) un poema en prosa que expresa el amor y la aceptación de Dios.

El amor de Dios

La palabra amor, a veces gira en nuestra mente como hojas muertas llevadas por el viento. Otras veces, estalla como el sol cuando irrumpe entre las nubes; tan brillante y asombroso que casi no lo resistimos.

El amor del mundo y el amor de Dios son dos cosas muy diferentes. El amor del mundo es como la muerte lenta de un anciano hambriento, mientras que el amor de Dios es como la jubilosa entrada de un recién nacido. El amor del mundo es tan endeble como las promesas de los políticos, pero el amor de Dios es tan sólido y fuerte como una piedra de granito que ha estado allí millones de años.

Su amor reconforta. Es un suave ungüento que quita el ardor de una terrible quemadura, mientras que el amor del mundo te deja deseando, como media taza de sopa tibia.

El amor de Dios transforma el enfermo corazón pecador en un santo, en un hijo del Dios Altísimo, mientras que el amor del mundo te hace sufrir en las tinieblas buscando algo que sabe no puedes encontrar.

El amor de Dios te eleva al cielo, como la quieta paz de una fuente que llena tu alma día tras día, donde el gozo y la alegría sonríen como un niño en Navidad.

El amor del mundo te sigue y te hace tropezar atándote y atormentándote. Su meta es la destrucción.

El amor del mundo te conduce a la muerte. Su lenguaje es muerte, frío como el metal, sin misericordia, inflexible. Allí no hay perdón, sólo malévolos gritos y acusaciones que cortan como afilado cuchillo tus mismas entrañas.

Pero el amor de Dios te invita a venir. No te echa fuera, no es difícil de encontrar. Sale a llamarte como una madre que llama a su hijo. Como un ángel que proclama la gloria de Dios, nunca cesa. Dios te llama: ¡Ven! El eco de su voz insiste: ¡Sí, tú! ¡Ven más cerca! Siéntate sobre mis rodillas, déjame mirarte. Déjame abrazarte, hijo, te amo. Te amo. Siempre te amaré.

Dios quiere, desesperadamente, tener comunión con nosotros, quiere que disfrutemos la experiencia de su amor. En Apocalipsis 3:20, escrito para los creyentes, tenemos un cuadro bien hermoso del deseo de Dios por tener comunión con nosotros: "He aquí, yo estoy a la puerta y llamo; si alguno oye mi voz y abre la puerta, entraré a él y cenaré con él, y él conmigo". A veces fallamos en sentir el amor de Dios porque no lo dejamos entrar en nuestras vidas; resistimos su amor. El amor del mundo, a veces, nos parece atractivo, pero, aun siendo bueno, todavía nos deja insatisfechos. Solamente el amor de Dios nos llena plenamente. Generalmente, no pensamos en la verdad como algo que necesitamos, pero la verdad es la llave que abre las cerraduras de la esclavitud. Juan 8:32 dice: "Conoceréis la verdad y la verdad os hará libres". Cuando veas una promesa en la Biblia, reclámala; una orden, obedécela; una verdad, créela. Esa es la advertencia de Dios. Pero ¿alguna vez te has dicho a ti mismo: "Me gustaría poder creerlo" o "estoy seguro que eso es cierto para otros, pero no para mí?" Algunas personas confunden las cosas o son engañadas por el enemigo pensando que la verdad es difícil de creer. Pero siempre podemos creer lo que Dios dice, porque lo que él dice es siempre la verdad. No siempre podemos creer o pensar que es verdad lo que él dice, pero podemos tomar la decisión de creer que lo es. Dios no nos pide que sintamos que su Palabra sea buena, sólo nos pide que creamos. Dios no nos pediría que creyésemos en su verdad si no pudiésemos hacerlo. Eso lo frustraría tanto a él como a nosotros. Debemos creer en la inamovible verdad que nos guía y no en nuestros sentimientos fluctuantes. Cuando la verdad profundice más en nosotros, nuestros sentimientos cambiarán. Nuestro mundo ha perdido el sentido de la verdad absoluta de Dios (las cosas que siempre son verdad). La verdad está basada en la persona de Jesucristo. No sólo es verdad lo que él dice, sino que *él es la verdad*. Jesús dijo: "Yo soy el camino, la verdad y la vida" (Juan 14:6). Jesús se identificó como la verdad. El que tú creas que algo es verdad no significa que sea verdad; es verdad, por lo tanto, tú lo crees.

Puede que tú sientas que Dios no te ama o que Dios no es digno de confianza. Pero la Palabra de Dios nos dice que él es amor y que él te ama. Su Palabra nos demuestra que es confiable y que puedes creer en su Palabra. Por lo tanto, no debemos dejarnos llevar por nuestros sentimientos, los que no siempre podemos controlar, sino por la verdad. Siempre podemos creer la verdad que Dios nos dice en su Palabra. Di la siguiente afirmación en voz alta.

La mentira a rechazar:

Rechazo la mentira que mis sentimientos pueden medir con precisión el amor de Dios por mí.

La verdad a aceptar:

Acepto la verdad de que la Palabra de Dios me muestra el gran amor de Dios por mí y decido confiar en la verdad y no en mis sentimientos.

Oración para hoy:

Querido Padre celestial: No siempre me siento amado. Pero tu Palabra me dice que tú siempre me amas. Ayúdame a no mirar mis sentimientos sino la verdad. Señor, sé que no siempre puedo controlar mis sentimientos pero ¡siempre puedo creer lo que es verdad! Decido creer la verdad que soy amado. Oro en el nombre de Jesús. Amén.

Día 14

Si confesamos nuestros pecados, él es fiel y justo para perdonar nuestros pecados y limpiarnos de toda maldad.

1 Juan 1:9

La vida cristiana es una vida de progreso, no de perfección. Dios quiere que crezcamos. Él sabe que como humanos no podemos alcanzar la perfección. Cuando tú cometes un pecado, no vuelves a ser un pecador; estás en Cristo, y nada puede cambiar eso. Puede que sientas que cuando pecas, Dios no te perdonará o no querrá tener comunión contigo. Alguien dirá: "Tuve mi oportunidad de ser libre y la perdí". Pero Dios nunca deja de amarnos ni de perdonarnos. Él nunca deja de insistir con nosotros. Él siempre nos acepta.

Floyd McCung Jr. en su libro *El corazón paternal de Dios* nos cuenta una gran historia sobre el amor incondicional de un padre por su hijo.

Sawat había deshonrado el nombre de su padre. Había ido a Bangkok huyendo del aburrimiento de la vida de la aldea. Encontró emociones y popularidad llevando una vida obscena.

En cuanto llegó, visitó un hotel como jamás había visto en su vida. Todas las habitaciones tenían una ventana que daba al pasillo y en cada habitación había una chica sentada. Las mayores reían y sonreían. Otras, de tan sólo 12 ó 13 años, o menores aún, parecían nerviosas o atemorizadas.

Aquella visita fue el principio del mundo de prostitución en el que se inició Sawat. Comenzó inocentemente, pero enseguida fue arrastrado como un tronco a la deriva en el curso de un río. La corriente era demasiado poderosa y rápida.

En poco tiempo estaba vendiendo opio a clientes del hotel y turistas. Cayó tan bajo que hasta colaboraba con la venta de niñas pequeñas, algunas de tan sólo nueve o diez años. Era un negocio detestable, y él llegó a ser uno de los más importantes "comerciantes" jóvenes.

Pero tuvo un golpe de mala suerte. Le robaron y cuando intentaba volver a subir a la cima, lo arrestaron. En el bajo mundo se corrió la voz de que él era un espía de la policía. Terminó viviendo marginado en una casucha por el basurero de la ciudad.

Allí sentado, pensaba en su familia, especialmente en su padre, un simple cristiano de una aldea pequeña del sur, cerca de la frontera con Malasia. Recordó las últimas palabras dichas por su padre cuando partió: "Te estoy esperando". Se preguntó si su padre seguiría esperándolo después de todo lo que había hecho, desacreditando el apellido de la familia. ¿Sería bienvenido a su casa? El estilo de vida de Sawat era bien sabido en la aldea. Finalmente, elaboró un plan. Escribió.

"Querido papá: Quiero ir a casa, pero no sé si me recibirás después de todo lo que he hecho. He pecado grandemente. Papá, por favor, perdóname. El sábado en la noche estaré en el tren que va a nuestra aldea. Si todavía me estás esperando, ata un trozo de tela en el árbol que está frente a la casa. Firmado Sawat".

En el viaje en tren reflexionó acerca de su vida en los meses anteriores, estando convencido que su padre tenía todo el derecho de rechazarlo. Cuando el tren estaba llegando a la aldea, se empezó a sentir ansioso. ¿Y si el árbol no tenía atado ningún trozo de tela? Sentado frente a él había un pasajero que se dio cuenta lo nervioso que se había puesto. Finalmente, Sawat no toleró más la ansiedad y le contó, atolondrado, toda la historia. Al entrar a la aldea, Sawat dijo: "Señor, no me atrevo a mirar. ¿Podría fijarse usted? ¿Y si mi padre no me recibe?"

Sawat metió la cabeza entre las rodillas. "Señor ¿lo ve? Es la única casa que tiene un árbol al frente.

-Joven, su padre no ha atado un sólo un trozo de tela en el árbol. ¡Mire! ¡Ha cubierto todo el árbol! Sawat casi no podía creer lo que estaba viendo. Las ramas estaban llenas de trocitos de tela blanca. En el jardín del frente, su anciano padre, saltaba jubiloso agitando un trozo de tela blanco y luego corrió junto al tren acompañando su último trayecto. Cuando el tren se detuvo en la pequeña estación corrió con los brazos abiertos para abrazar a su hijo con lágrimas de gozo. "Te estaba esperando", le dijo.[2]

Dios está siempre dispuesto a esperarte. Su paciente amor y misericordia son inconmensurables. Por supuesto, su deseo es que escojamos el camino hacia la libertad. Las palabras de 1 Juan 1:9: "si confesamos nuestros pecados, él es fiel y justo para perdonar nuestros pecados y limpiarnos de nuestra maldad" siempre son verdad. No podemos usarlas excesivamente o gastarlas. Dios nunca va a dejar de insistir contigo. Jesús nos dice: "Yo estoy con vosotros, todos los días hasta el fin del mundo" (Mateo 28:20).

La mentira a rechazar:

Rechazo la mentira que Dios no me perdonará o me limpiará de mis pecados.

La verdad a aceptar:

Acepto la verdad de que si me pongo de acuerdo con Dios en que he pecado y le confieso a él mis pecados, él siempre me perdona y me limpia.

Oración para hoy:

Querido Padre celestial: Gracias porque siempre puedo venir a ti, porque tú eres fiel y justo y siempre estás dispuesto a perdonarme. Ayúdame a darme cuenta cuando cometo un pecado y esté pronto a admitirlo, confesarlo y renunciar a él buscando tu perdón. Quiero ser ejemplo para quienes me rodean, por lo tanto, límpiame de mi pecado y permite que tu justicia brille sobre mí. Oro en el nombre de Jesús. Amén.

Habiéndonos predestinado para ser adoptados hijos suyos por medio de Jesucristo, según el puro afecto de su voluntad.

Efesios 1:5

————————Día 15————————

A mediados del siglo pasado, en las planicies de Nebraska, un predicador itinerante iba de iglesia en iglesia y de ciudad en ciudad. En una comunidad, se encontró con un chico huérfano, un inmigrante llamado Pedro Popavich. La familia de Pedro había muerto en una de las sangrientas guerras que habían acabado con las vidas de tanta gente. Pedro era incorregible y siempre se metía en líos, provocando que todos lo evitaran. Como nadie en la ciudad se haría cargo de él, el predicador asumió la responsabilidad de Pedro. Iba con el muchacho a todas partes, pero enseguida se dio cuenta que aquello no podía seguir así. Se enteró que había una pareja cristiana, el matrimonio Smith, que tenían un hijo llamado Sammy, de la misma edad de Pedro. El predicador fue hasta su granja y les pidió que pensaran en criar a Pedro. Ellos oraron al respecto y estuvieron todos de acuerdo, como familia, que esa era la voluntad de Dios para sus vidas y asumieron la responsabilidad.

La química de las relaciones interpersonales es algo interesante.

Sammy era un muchachito bondadoso y alentador mientras que Pedro seguía siendo problemático. A pesar de ello, los chicos se hicieron buenos amigos. Un día, estaban jugando en las inmediaciones de un pantano, cercado por contaminación. Había un cartel que claramente advertía el peligro. Pedro dijo: "Vayamos a nadar" a lo que Sammy se opuso.

"Bueno, iré solo" y fue. Se cortó el pie con el alambre de púa que bordeaba el pantano y enseguida se le infectó. Se enfermó gravemente llegando a tener una temperatura altísima. Las medicinas con que contamos hoy en día hubiesen logrado curarlo, pero en aquel entonces no existían. La vida de Pedro pendía de un hilo.

Un día, los padres tuvieron que ir al centro a comprar provisiones. Preocupados por el contagio, le dijeron a Sammy que podía hablar con Pedro desde el umbral de la puerta pero que no entrase a la habitación. El deseo de los chicos por estar juntos era excesivo, y cuando los padres volvieron los encontraron durmiendo juntos. Nadie puede entender la providencial naturaleza de Dios. Pedro se sanó pero Sammy se enfermó. A los pocos días Sammy murió. Pasaron unos cuantos años y el predicador itinerante volvió a pasar por aquella comunidad. Se acordaba de Pedro y decidió pasar a ver cómo estaba. Cuando llegó a la granja, reconoció al señor Smith, pero no supo quién era el joven fuerte y grande que estaba a su lado.

¿Qué es de la vida del chico que dejé acá hace unos años?

El Sr. Smith se incorporó y le pasó al joven el brazo por el hombro.

Este es Pedro Smith le respondió . Lo hemos adoptado como parte de la familia.

Antes de ser adoptado, Pedro no tenía familia.

Los Smith no *necesitaban* a Pedro, pero lo *querían*. Pedro había dejado el resentimiento por el rechazo que había sentido en el pasado y había aceptado el amor del padre que había querido adoptarlo. Nuestro Padre celestial no nos *necesita* sino que nos *quiere*. Este amor y aceptación incondicional de Dios es el fundamento principal para una vida santa.

"Mas vosotros sois linaje escogido, real sacerdocio, nación santa, pueblo adquirido por Dios, para que anunciéis las virtudes de aquel que os llamó de las tinieblas a su luz admirable; vosotros que en otro tiempo no erais pueblo, pero que ahora sois pueblo de Dios; que en otro tiempo no habíais alcanzado misericordia, pero ahora habéis alcanzado misericordia" (1 Pedro 2:9-10) Dios no echa a un lado a sus hijos; ninguno de nosotros no fue deseado o accidentes indeseables. "Según nos escogió en él antes de la fundación del mundo, para que fuésemos santos y sin mancha delante de él" (Efesios 1:4).

Una de las mentiras más comunes de Satanás es que somos distintos a los demás. Podemos pensar que *Dios acepta a los demás pero no a mí.* Pero no tenemos por qué tener miedo de perder el amor de Dios. Tito 3:4-5 dice: "Pero cuando se manifestó la bondad de Dios nuestro Salvador, y su amor para con los hombres, nos salvó, no por obras de justicia que nosotros hubiéramos hecho, sino por su misericordia, por el lavamiento de la regeneración y por la renovación en el Espíritu Santo". Antes no recibíamos misericordia, pero ahora la tenemos. "Así que ya no sois extranjeros ni advenedizos, sino conciudadanos de los santos y miembros de la familia de Dios" (Efesios 2:19).

La mentira a rechazar:

Rechazo la mentira de ser un extraño para Dios y que él me rechaza.

La verdad a aceptar:

Acepto la verdad que Dios me ha elegido, aceptado y me ama incondicionalmente.

Oración para hoy:

Querido Padre celestial: Gracias por amarme y por haberme elegido. Rechazo las mentiras de Satanás de que tú no me amas o no te interesas por mí. Voy a creer que ya no soy un extraño para ti. Soy conciudadano con tu pueblo y miembro de tu familia. Con gran alegría acepto el hecho de ser adoptado en tu familia gracias a tu gran amor. Debido a tu misericordia, soy salvo. Gracias por ello, en el maravilloso nombre de mi Señor y Salvador Jesucristo. Amén.

Extras extremas

Escudriña la Palabra

Escribe lo que estos versículos dicen acerca de ti.

Efesios 2:19: _______________________________________

Efesios 3:1;4:1: ____________________________________

Efesios 4:24: _______________________________________

Efesios 2:6: ____

Filipenses 3:20: ____________________________________

Colosenses 3:3-4: ___________________________________

Colosenses 3:12; 1 Tesalonicenses 1:4: _____________

1 Tesalonicenses 5:5: _______________________________

Hebreos 3:1: ____

Hebreos 3:14: _______________________________________

Abre tu mente

Memoriza 1 Tesalonicenses 5:5:

"Porque todos vosotros sois hijos de luz e hijos del día; no somos de la noche ni de las tinieblas".

Exprésate

4

Expandiendo la fe

Aprendiendo a confiar en Dios

Hazme oír por la mañana tu misericordia, porque en ti he confiado; hazme saber el camino por donde ande, porque a ti he elevado mi alma.

Salmo 143:8

¿Alguna vez sentiste como si Dios no estuviese? ¿O que, sencillamente, no le importas? Ves que él ayuda a otros en momentos de dificultad y te preguntas por qué no lo hace contigo.

Eso es, exactamente, lo que sintió Kay. Kay vino a pedirme (Dave) ayuda porque estaba teniendo pesadillas. Sus sueños eran acerca del asesinato de los miembros de su familia. En uno de ellos, Kay se veía a la orilla de un hermoso lago pescando con su familia y sus amigos. El cielo era azul y el aire fresco y despejado. Súbitamente, sintió un tirón en su línea. Había pescado algo. Comenzó a enrollar el carrete cada vez más rápido. Cuando su presa se acercaba a la orilla, miró horrorizada, que lo que arrastraba era el cuerpo muerto de su madre.

Le pregunté a Kay si recordaba algún acontecimiento traumático que pudiera ser el causante de aquella espantosa pesadilla. El enemigo es cruel y puede poner pensamientos de muerte en nuestros sueños para confundirnos y hacernos sufrir. "Bueno..." Kay hizo una pausa, y sin mucha emoción dijo: "Me violaron". Kay estaba disfrutando de un viaje cuando de pronto se encontró a solas con un muchacho en quien pensó que podía confiar; pero él la violó brutalmente. Mientras sucedía el hecho, ella clamaba a Dios en su mente constantemente: "¡Dios, por favor, ayúdame! ¡No permitas que me pase esto! ¡Sálvame, por favor, sálvame! Pero la violación no se detuvo. Kay sintió que se hundía, como si no estuviese allí. Hasta el día de hoy no puede recordar todo lo que pasó aquel día terrible.

Kay me miró con los ojos inundados de lágrimas. "¿Por qué Dios no me ayudó? ¿Por qué en el momento en que lo necesité Dios no vino a rescatarme? ¿Él no me ama?"

Me sentí impulsado a quedarme en silencio por un rato, compartiendo su dolor. Al rato le pregunté si recordaba algún hecho en el que Dios le hubiese demostrado que la amaba.

"Sí. Jesús murió en la cruz", murmuró. "Kay, sé que entiendes el "hecho" que Jesús murió por ti, pero me pregunto si te das cuenta que su muerte por ti fue un acto de rescate. Nadie puede explicarse la terrible violación que fuiste forzada a padecer o por qué aquel hombre quiso herirte de la manera en que lo hizo. Pero, podemos llegar a un momento específico en el tiempo la muerte de Jesús y ver cómo Dios te amó tanto que estuvo dispuesto a morir para rescatarte. ¿Puedes confiar en un Dios que es capaz de hacer eso por ti?

Kay ya había ido a través de los *Pasos hacia la libertad*, que son principios bíblicos que tratan con las áreas más comunes donde Satanás intenta engañarte, por lo que la animé para que le pidiese a Dios que le revelase si había perdonado al hombre que la había violado y si había aceptado el perdón por los pensamientos que pudiese haber tenido en contra de Dios. Cinco días después me llamó para decirme que la pesadilla había cesado y se sentía liberada. No podemos prometerte que no te pase algo terrible algún día porque vivimos en un mundo caído y enfermo. Pero podemos decirte que en Cristo puedes encontrar la solución y sentirte libre del sufrimiento del pasado.

La verdad es que Dios nunca abandonó a Kay o le falló. El Salmo 9:10 dice: "En ti confiarán los que conocen tu nombre. Por cuanto, tú, oh Jehová, no desamparaste a los que te buscaron". Dios tiene un amor persistente por Kay y, aun cuando pasen cosas terribles en su vida, ella puede confiar en el constante amor de Cristo. "Mi corazón se alegrará en tu salvación" (Salmo 13:5). Habrá veces en que no comprenderás por qué pasan ciertas cosas, pero has sido llamado a mantenerte firme en la verdad, a "fiarte de Jehová de todo tu corazón" (Proverbios 3:5). No conocemos tu situación personal, pero Dios lo sabe. Él conoce cada detalle de tu vida, y él te ama. Satanás o cualquiera de sus seguidores también pueden saber los sucesos de tu vida. Él enemigo trata por todos los medios para torcer lo que te pasa; inventa mentiras en tu mente que se opongan a la verdad de Dios. Es por ello que debemos mirar a la verdad y no dejarnos llevar por nuestros sentimientos. Habla con Dios acerca de lo que estás sintiendo, pero al mismo tiempo, declara en voz alta la verdad de lo que dice su Palabra. Tómate tiempo para estar quieto dejando que Dios te hable. Si tienes problema para concentrarte en Dios, dile al enemigo en voz alta que se vaya.

Di la siguiente afirmación en voz alta.

La mentira a rechazar:

Rechazo la mentira de que Dios me dejara o me abandonará.

La verdad a aceptar:

Acepto la verdad que Dios se ocupa de mí y que su amor por mí es constante.

Oración para hoy:

Querido Padre celestial: Gracias por tu amor constante. Voy a confiar en ti con todo mi corazón y no me apoyaré en mi propia prudencia. Padre, sé que a veces he tenido expectativas que no son bíblicas con respecto a ti. Sé que tú eres perfecto y puro. Tú no vas a cambiar para acomodarte a mis expectativas, y estoy contento de que no lo hagas. Sé que jamás me abandonarás porque tu Palabra me dice que no lo harás. Gracias por estar siempre a mi lado. Gracias por tu constante amor. Oro en el nombre de Jesús. Amén.

Día 17

¿Quién nos separará del amor de Cristo? ¿Tribulación, o angustia, o persecución, o hambre, o desnudez, o peligro, o espada? Como está escrito: por causa de ti somos muertos todo el tiempo; somos contados como ovejas de matadero. Antes, en todas estas cosas somos más que vencedores por medio de aquel que nos amó. Por lo cual, estoy seguro que ni la muerte, ni la vida, ni ángeles, ni principados, ni potestades, ni lo presente, ni lo por venir, ni lo alto, ni lo profundo, ni ninguna otra cosa creada nos podrá separar del amor de Dios, que es en Cristo Jesús Señor nuestro.

Romanos 8:35-38

El meollo de la seguridad está en la relación. No hay mayor seguridad que aquella que está basada en una relación de confianza y compromiso. De la misma manera, no hay mayor inseguridad que cuando una relación significativa es amenazada por el abandono, el peligro o la destrucción.

Dave y yo vivimos en Colorado. En una ocasión, mientras iba manejando en las montañas con mi esposa, encontré una manada de alces que cruzaba la carretera. Habían pasado por encima de una valla de alambre de púas, pero no se habían internado demasiado en el bosque porque un alce pequeño no había podido saltar la cerca y se había quedado atrapado en el alambre. El pánico se había apoderado del pequeño alce que con ojos desorbitados luchaba por liberarse. El drama aumentó cuando su madre comenzó a gritar desesperada y al rato toda la manada estaba lanzando chillidos de angustia. El peligro y la separación estaban amenazando la seguridad de la manada y todos los animales sentían miedo. Afortunadamente, el pequeño alce pudo liberarse y cruzar la valla.

¿Cómo será tener que pasar por penurias tan grandes como para que los padres tengan que salir de casa en busca de trabajo o que los hijos tengan que ir de un lado para otro a quedarse con amigos y parientes para sobrevivir?

A duras penas podemos imaginarnos el tormento de las familias separadas debido a persecuciones o el tremendo dolor en tiempos de esclavitud cuando los padres y los hijos eran vendidos por separado. Muchos de ustedes que están leyendo este libro han sufrido el dolor del divorcio de sus padres.

Pablo escribió acerca de momentos difíciles como estos, bajo la inspiración de Dios, pero también por la experiencia de su vida.

"De los judíos, cinco veces he recibido cuarenta azotes menos uno. Tres veces he sido azotado con varas; una vez apedreado; tres veces he padecido naufragio; una noche y un día he estado como náufrago en alta mar; en caminos muchas veces; en peligros de ríos, peligros de ladrones, peligros de los de mi nación, peligros de los gentiles, peligros en la ciudad, peligros en el desierto, peligros en el mar, peligros entre falsos hermanos, en trabajo y fatiga, en muchos desvelos, en hambre y sed, en muchos ayunos, en frío y en desnudez; y además de otras cosas, lo que sobre mí se agolpa cada día, la preocupación por todas las iglesias. ¿Quién enferma, y yo no enfermo? ¿A quién se le hace tropezar y yo no me indigno?

2 Corintios 11:24-29

¿Estaba Pablo separado del amor de Dios? No, nada de lo que el mundo nos tire puede interferir con la eterna seguridad que tenemos en Cristo. El amor de Dios estaba en acción en la vida de Pablo y, ciertamente, en las vidas de aquellos que Pablo quería alcanzar para Cristo. Pablo lo menciona cuando cita el Salmo 44:22: "Pero por causa de ti nos matan cada día; somos contados como ovejas para el matadero" (Romanos 8:36).

El pueblo escogido de Dios con frecuencia tiene que enfrentarse a dificultades y tribulaciones para lograr realizar la obra de Dios. En esta vida tendremos sufrimientos. Por lo tanto, debemos adoptar la actitud de la iglesia primitiva cuando el Sanedrín (los líderes religiosos de aquella época) rechazaban y azotaban a quienes proclamaban a Cristo. Hechos 5:41 dice: "Y ellos salieron de la presencia del concilio, gozosos de haber sido tenidos por dignos de padecer afrenta por causa del Nombre". Más tarde, Pablo le escribe a Timoteo: "Y también todos los que quieren vivir piadosamente en Cristo Jesús padecerán persecución" (2 Timoteo 3:12).

Pablo declara que en todas estas cosas somos más que vencedores por medio de aquel que nos amó. Alguien podrá decir: "Entonces, debido a nuestra relación con Dios, tenemos una relación eterna que no puede ser vencida por los problemas temporales de la vida, pero ¿qué pasa con las cosas sobrenaturales? ¿Qué de las cosas incontrolables que tenemos por delante? Pablo responde: "Por lo cual estoy seguro que ni la muerte ni la vida, ni ángeles ni principados, ni potestades, ni lo presente ni lo por venir, ni lo alto, ni lo profundo, ni ninguna otra cosa creada nos podrá separar del amor de Dios que es en Cristo Jesús Señor nuestro (Romanos 8:38-39).

¿Quién tiene el poder de la vida y la muerte? ¿Quién tiene autoridad sobre el campo angelical? ¿Quién gobierna soberanamente sobre los hombres y los ángeles ahora y siempre? ¡Nuestro Padre celestial es Señor de la eternidad! El Pastor de nuestras almas dice: "Mis ovejas oyen mi voz, y yo las conozco, y me siguen, y yo les doy vida eterna; y no perecerán jamás, ni nadie las arrebatará de mi mano. Mi Padre que me las dio, es mayor que todos y nadie las puede arrebatar de la mano de mi Padre" (Juan 10:27-29). Nuestra relación con Dios no depende de nuestra habilidad en mantenernos aferrados de su mano. No somos capaces de ello. La realidad es que Dios nos sostiene y él sí tiene el poder de mantenernos seguros y a salvo en su mano.

El amor de Dios sobrepasa todo entendimiento; no podemos comprender plenamente cuánto Dios nos ama. Puede que el escéptico diga: "Si Dios me ama a mí, ¿por qué permite que haya tanto sufrimiento y persecución?"

Fuimos puestos en el mundo con un propósito y sufrir por una causa justa es un privilegio. En medio de la dura realidad de la vida, podemos compartir con los demás que nuestra seguridad no se encuentra en las cosas temporales de la vida sino en la relación eterna que tenemos con nuestro Padre celestial. No hay nada en toda la creación que pueda separarnos del amor de Dios que es en Cristo Jesús Señor nuestro.

¿Estás pasando por algunos problemas en tu vida? Explica.

¿Estás teniendo dificultades para comprender plenamente la naturaleza de la relación eterna con Dios y su amor hacia ti? Explica.

Di la siguiente declaración en voz alta.

La mentira a rechazar:

Rechazo la mentira que algo pueda separarme del amor de Dios.

La verdad a aceptar:

Acepto la verdad que ni la muerte ni la vida, ni ángeles ni principados, ni lo presente ni lo por venir, ni lo alto ni lo profundo, ni ninguna cosa creada me podrá separar del amor de Dios que es en Cristo Jesús, mi Señor.

Oración para hoy:

Querido Padre celestial: Oro para tener el poder, junto a todos los santos para asirme de ese amor tan grande y alto y profundo sabiendo que ese amor sobrepasa todo entendimiento, para poder ser lleno en todo mi ser con la plenitud de Dios. Oro en el precioso nombre de Jesús. Amén.

Día 18

Así que la fe viene por el oír y el oír por la Palabra de Dios

Romanos 10:17

En una Pascua (yo Dave) me encontraba en una gira, así que llamé a casa para hablar con mi hijo David quien en ese entonces tenía tres años. Le dije:

Davicito, es Pascua. ¿Sabes qué significa la Pascua?

Sí, papi me contestó . Jesús murió en la cruz, ¡pero todo salió bien porque él es taaan Dios!

Esa oración no es gramaticalmente correcta, pero la teología sí lo es. ¿Qué quiere decir "taaan Dios"? ¿Cómo llegamos a entender todo lo que Dios es? Solamente a través de su Palabra, la Biblia.

Para nosotros, es imposible crecer en la fe o confiar en Cristo separadamente de su Palabra. Romanos 10:17 dice: "La fe es por el oír, y el oír, por la palabra de Dios". Si tú dices: "Me gustaría poder confiar en Dios", es que todavía estás engañado o aún necesitas saber lo que dice la palabra de Dios. Su Palabra nos muestra una y otra vez que él es confiable. Escucha las palabras de Jesús: "No se turbe vuestro corazón; creéis en Dios, creed también en mí" (Juan 14:1). Puede que digas: "Pero cómo sabemos que lo que Jesús dijo es verdad?" La respuesta se halla en la resurrección. El hecho de que Jesús venció al pecado y la muerte prueba que él es Dios y, por lo tanto, él es digno de confianza. Mucha gente nos falla en la vida, pero Dios jamás lo hará.

No acostumbro escalar montañas, pero las pocas veces que lo he hecho, me veo suspendido de una soga. Colgarse de una soga es un verdadero acto de fe; tienes que confiar en la soga, en la roca de donde se sujeta la soga, y en la persona que está abajo. Si te caes, la persona que está abajo tira de la soga y te para. A los novatos se les instruye para que se caigan a propósito para que puedan tener seguridad y confiar en la soga, en la roca y en la persona que está abajo. Si nunca te caes, nunca sabes si los objetos en los que has depositado tu confianza son confiables. Dios es así. A veces, él deja que nos caigamos para poder agarrarnos. Isaías 26:4 dice: "Confiad en Jehová perpetuamente, porque en Jehová, el Señor, está la fortaleza de los siglos".

¿Te acuerdas de Kay, del día dieciséis? Le pasaron algunas cosas en su vida que le hicieron pensar que Dios se había olvidado de ella y la había dejado caer sin rescatarla. Pero, después de escudriñar la palabra de Dios pudo ver con claridad que había sido engañada por el diablo. Fue asombroso ver cómo volvió a tener gozo y alegría al caminar en la verdad. "Y el Dios de esperanza os llene de todo gozo y paz en el creer, para que abundéis en esperanza por el poder del Espíritu Santo (Romanos 15:13). Este versículo describe a Kay. ¿Te describe también a ti?

La palabra de Dios revela sus cualidades y esas cualidades prueban que él es digno de confianza.

Si Dios se presentase en el espectáculo de David Letterman ¿cuáles serían sus diez cualidades sobresalientes? Imaginémoslo. Dave mirará a la cámara y dirá: "Echemos un vistazo a *las diez cualidades sobresalientes de Dios* aquellas que lo hacen digno de confianza".

Las diez cualidades sobresalientes de Dios

10. Dios no necesita pedir permiso. Él es el jefe, el primero, el número uno, el patrón, el gobernante, el presidente, el soberano. Dios está en pleno control.

9. Dios no ha muerto, ni falleció, ni pateó el balde, lo tumbaron o lo sacaron del medio. Él es el eterno, el por siempre jamás, el siempre listo. Él no está sujeto al tiempo. Él existe perpetuamente. Él ve el pasado, el presente, el futuro. Él no tiene ni principio ni fin. Él es eterno.

8. Dios no necesita ayuda cuando ve algún programa de "Preguntas y respuesta". Él sabe todas las preguntas. Él sabe todas las respuestas. Nada lo sorprende. Él creó el conocimiento y tiene todo el conocimiento. Dios sabe todo.

7. Dios no necesita viajar para llegar a algún lado. Él ya está ahí, siempre estuvo allí. Tú puedes correr pero no puedes esconderte. Él te ve; él nunca te quita la vista de encima. Él llena todo el espacio. Dios está en todas partes.

6. Dios no necesita recargarse las baterías. Él no se cansa, no se tiene que sentar, no necesita descansar. Tiene fuerza completa, nunca le falta fuerza. Él puede hacer todo a la vez y aun así no usar energía. Su poder no tiene límite ni fin. Dios es todopoderoso.

5. Dios no dice: "Ooooh, no quise decir eso". Él nunca cambia de idea. Él no es fluctuante ni tiene que volver a pensar un asunto. Él siempre hace lo que promete hacer, él mantiene la palabra. Él es fiel. Él es el mismo todos los días; siempre igual. Él es el mismo ayer, hoy y por los siglos. Dios no cambia nunca.

4. Dios no tiene que decir: "Perdóname, lo siento ¿era tu pie?" Él nunca hace mal las cosas, ni las estropea, no comete pecado, ni hace desastres, ni echa todo a perder. Nunca ha recibido una multa, nunca quebranta una ley o es incorrecto en alguna manera. Él es perfecto. Dios es justo.

3. Dios no tiene que presentarse ante un tribunal en busca de justicia. Él es la justicia. Él nunca trata a nadie incorrectamente, nunca muestra favoritismos, nunca elige a alguien en detrimento de otro. Él siempre muestra misericordia, siempre ejecuta justicia completa. Él es justo. Dios es recto.

2. Dios no miente. Él nunca dice ninguna mentirita blanca, media verdad ni engaña. Nunca distorsiona la verdad, exagera, se confunde, se equivoca, o yerra con los hechos. Él no es un engañador. Él no te hace trampa o bromas pesadas. Él no intenta confundirte, ni hacerte equivocar, ni engañarte como a un niño. Él es siempre honesto. Si dice que algo es verdad, así es. Dios es verdad.

1. Dios no espera a que seas perfecto para amarte. Te ama si tienes acné, si estás gordo, si eres flaco, si te crees inteligente, si crees que eres tonto, si te cepillaste los dientes, si no tienes dientes, si pateaste a tu perro (¡no patees al perro!) Te ama hasta cuando pecas, te ama cuando estás pecando, te ama desde cuando tú ni siquiera sabías que él te amaba. Su amor es puro. Su amor es perfecto. Nunca falla, nunca deja de ser, es incondicional. Él lo da libremente, no lo retiene, lo sigue derramando, lo continúa dando. Dios es amor.

Dios es digno de confianza porque él es Dios. Él no se ajusta a ningún parámetro. Él es el parámetro. Él es santo porque la santidad se define por lo que Dios es. Él es el cumplimiento de la pureza y la justicia.

Al leer acerca de las cualidades de Dios ¿sentiste que tu confianza en él puede aumentar?

La mentira a rechazar:

Rechazo la mentira que Dios es inferior a la pureza y la perfección y que en él no se puede confiar.

La verdad a aceptar:

Acepto la verdad que Dios siempre ha sido y sigue siendo puro y perfecto y es digno de confianza.

Oración para hoy:

Querido Padre celestial: Tus admirables atributos se ven claramente en tu palabra y en tu mundo. Sé que eres santo, puro y perfecto. Pero, más que nada, te agradezco por tu increíble amor; ese amor que me alcanza aun cuando no soy digno de ser amado y no te busco. Tu amor y tu paciencia me han llevado a un entendimiento acerca de quién tú eres, por lo que puedo poner mi confianza en Cristo. Señor, quiero conocerte mejor, entender las profundidades de tus atributos y tu amor. Ayúdame a que te vea como realmente eres. Oro en el nombre de Jesús. Amén.

Día 19

Pero sin fe es imposible agradar a Dios; porque es necesario que el que se acerca a Dios crea que le hay, y que es galardonador de los que le buscan.

Hebreos 11:6

¿Qué es la fe? Segunda de Corintios 5:7 nos recuerda que "vivimos por fe y no por vista". La vida cristiana es un camino de fe; la fe es el medio por el que somos salvos. "Porque por gracia sois salvos, por medio de la fe; y esto no de vosotros, pues es don de Dios; no por obras, para que nadie se gloríe" (Efesios 2:8-9). Pero ¿qué es, exactamente, la fe? Sabemos que necesitamos fe para madurar ya que Colosenses 2:6-7 dice: "Por tanto, de la manera que habéis recibido al Señor Jesucristo, andad en él; arraigados y sobreedificados en él, y confirmados en la fe, así como habéis sido enseñados, abundando en acciones de gracias". Pero eso todavía no nos dice exactamente, qué es la fe. Es crucial que todo creyente viva por fe, pero muchos no saben a ciencia cierta qué es la fe.

Tómate un minuto para decir con tus propias palabras lo que significa la fe para ti.

¿Tu definición incluye palabras como creer, confiar o depender? La fe bíblica es creer y confiar en Cristo, depender de él. Hebreos 11:6 dice: "Sin fe es imposible agradar a Dios; porque es necesario que el que se acerca a Dios crea que le hay, y es galardonador de los que le buscan". La fe bíblica requiere un objeto. Charles Swindoll cuenta una historia que ilustra la importancia de tener un objeto digno de confianza en quien depositar la fe.

"Un reciente episodio televisivo de Alfred Hitchcock muestra el lado frívolo de esta segura y certera esperanza. Como supondrás, el punto está remarcado de manera escalofriante. Había una mujer malvada, de doble cara, que mató a un individuo. Y, aunque había cometido errores en ocasiones previas y siempre había salido bien de ellas, en este caso, la corte la encontró culpable y el juez la sentenció a cadena perpetua. A pesar de gritarle al juez en la cara y decirle que se iba a escapar de cualquier prisión en que la pusieran, la retiraron de la sala. Se subió a ese lúgubre ómnibus que la conduce a la prisión. En el camino, notó algo que se transformó en parte de su plan de escape. Vio un anciano, un compañero de prisión que estaba tapando una tumba fuera de los muros de la cárcel. Se dio cuenta que la única manera de salir de la prisión era conocer a alguien que tuviera las llaves del portón. El único que las tenía era el anciano que ayudaba en los entierros de quienes morían dentro de los muros. Es más, él construía los ataúdes y colocaba los restos mortales dentro. Su trabajo era también el de llevar los ataúdes sobre un viejo carro de ruedas fuera de los muros y colocar los cajones en los espacios cavados antes de cubrirlos con tierra.

El anciano se estaba volviendo ciego. Necesitaba ser operado de cataratas, pero no tenía dinero para la cirugía. Ella le propuso darle dinero si él la ayudaba a escapar.

No, señora, no puedo hacerlo.

—¡Claro que puede! —insistió ella—. Tengo todo el dinero que usted necesita fuera de estos muros para pagarle la operación. Y si espera operarse, entonces ayúdeme a salir de este lugar.

Él accedió sin muchas ganas. He aquí el plan. La próxima vez que ella escuchara el sonar de la campana que anunciaba la muerte de un interno, se escabulliría hasta su lugar de trabajo, donde hacía los ataúdes. Ubicaría el cajón, sacaría la tapa y la volvería a colocar. A la mañana siguiente, el anciano la llevaría dentro del cajón junto al cuerpo muerto arrastrando el viejo carrito hasta el lugar del entierro; arrojaría el ataúd en el agujero y le echaría tierra encima. Al día siguiente, él volvería al sitio, sacaría la tierra, levantaría la tapa floja y la dejaría en libertad. Un plan perfecto. Casi.

Una noche, escuchó sonar la campana, alguien había muerto. ¡Había llegado el momento! Salió secretamente de su celda y se encaminó por el espectral pasillo; mirando hacia la habitación levemente iluminada, detectó el ataúd. Sin titubear, corrió la tapa y se metió dentro de la oscura caja acomodándose al lado del cuerpo y bajando la tapa.

Después de varias horas pudo sentir el girar de las ruedas yendo de camino hacia el lugar del entierro. Se sonrió cuando el ataúd fue colocado en el agujero preparado en la tierra. Escuchó las paladas de tierra cayendo sobre la tapa del cajón. Al rato, estaba completamente enterrada, y seguía sonriendo.

Siguió un agudo silencio. Apenas podía contener su excitación. El tiempo comenzó a pasar. El día siguiente llegó y pasó sin que el anciano apareciera. Ya para entonces, transpiraba frío. ¿Dónde estaría? ¿Qué podía haber salido mal? ¿Por qué no aparecía el anciano?

En un momento de pánico encendió un fósforo iluminando el cuerpo que yacía a su lado. Ya te lo imaginas, ¡el que había muerto era el anciano! Lentamente, la cámara va pasando por las tumbas y todo lo que se puede escuchar es el lamento aterrador de la mujer que jamás pudo salir de la tumba".[1]

Todos vivimos por fe. Todos depositamos nuestra confianza en alguien o en algo. La gran diferencia entre los cristianos y los no cristianos es el objeto de su fe. Jesús es el único digno de confianza en quien podemos depositar nuestra fe porque él es el único inmutable. "Jesús es el mismo ayer, hoy y por los siglos" (Hebreos 13:8) Cualquier otro objeto de fe te fallará en un momento u otro. Solamente Jesús es totalmente confiable.

La mentira a rechazar:

Rechazo la mentira de que hay algún otro objeto confiable en quien depositar mi fe aparte de Jesucristo.

La verdad a aceptar:

Acepto la verdad que Jesús, quien murió en el calvario y resucitó de los muertos, es el único confiable en quien deposito mi fe.

Oración para hoy:

Querido Padre celestial: Coloco toda mi confianza en ti. El hecho que Jesús haya muerto y resucitado prueba que él es quien dijo ser: El Hijo de Dios. Señor, tú eres el único confiable en quien deposito mi fe. Sé que me has dado una medida de fe; por lo tanto, tomo la decisión de caminar por fe y no por vista. Oro en el nombre de Jesús. Amén.

Día 20

He aprendido a contentarme, cualquiera que sea mi situación. Sé vivir humildemente y sé tener abundancia; en todo y por todo estoy enseñado, así para estar saciado como para tener hambre, así para tener abundancia como para padecer necesidad. Todo lo puedo en Cristo que me fortalece

Filipenses 4:11-13

Si Dios lo quiere ¿se puede? ¿Acaso la Biblia dice: "Con Dios *casi todo* es posible? No. Lo que dice es: *Al que cree todo es posible* (Marcos 9:23). Si Dios nos dice que hagamos algo ¿podremos? Dios no daría una orden que no se pudiera cumplir. Sería como si dijese: "Hijo, me gustaría que hicieras algo que no puedes hacer, pero inténtalo lo mejor que puedas, de todas maneras". ¡Eso es ridículo!

Entonces ¿qué es el "todo" que podemos hacer? Ciertamente que existen ciertas limitaciones. La llave, como en toda interpretación bíblica, se halla en el contexto. Pablo dice que ha aprendido a contentarse en todas las situaciones de la vida. En otras palabras, las circunstancias de la vida no determinan quienes somos, ni nos impiden ser lo que Dios quiere que seamos. Ninguna persona ni ninguna circunstancia nos puede impedir hacer la voluntad de Dios porque es Cristo quien nos fortalece (Filipenses 4:11-13).

Puede que no podamos arreglar las circunstancias externas, y no hemos sido llamados a eso, pero tenemos la certeza que Dios está usando las cosas externas que nos rodean para arreglar nuestro mundo *interno*. "Y no sólo esto, sino que también nos gloriamos en las tribulaciones, sabiendo que la tribulación produce paciencia; y la paciencia, prueba; y la prueba, esperanza; y la esperanza no avergüenza; porque el amor de Dios ha sido derramado en nuestros corazones por el Espíritu Santo que nos fue dado (Romanos 5:3-5). Nuestra esperanza descansa en un carácter probo, no en circunstancias favorables y ahí fue donde Pablo encontró el secreto del contentamiento. Dejó de intentar cambiar al mundo permitiendo que Dios lo cambiase a él. Si todos hiciésemos eso, el mundo sería radicalmente diferente.

El fruto del Espíritu no es la habilidad de controlar a la gente o las circunstancias. El fruto del Espíritu es dominio propio. Cuando le damos a Dios el control de nuestra vida, nos acercamos significativamente a hacer todas las cosas por medio de Cristo, dejando de controlar a nuestros amigos y empezando a mostrarles el amor de Cristo. Nuestra incredulidad es el único obstáculo que nos impide primeramente ser y luego hacer todo lo que Dios quiere que seamos y hagamos. Se nos asegura en Marcos 9:23 que todo es posible para el que cree. Pero nosotros no podemos determinar por nosotros mismos lo que queremos creer. Debemos creer la verdad como se encuentra en la Palabra de Dios.

Los filósofos de la Nueva Era dicen: "Si crees mucho en algo, será realidad". Ellos dicen que podemos crear la realidad con nuestra mente. Pero para poder hacerlo, deberíamos ser dioses, precisamente, lo que están afirmando. Esa mentira se remonta al jardín de Edén: "Seréis como Dios" (Génesis 3:5).

En nuestras conferencia para jóvenes me gusta (Dave) demostrar cuán ridícula es esta declaración parándome delante de la audiencia e imaginando que mi cuerpo se transforma hasta adquirir el tamaño y la fuerza de Arnold Schwarzenegger. A los pocos segundos les pregunto a mis oyentes: "¿Funciona?" Cuando terminan de reírse, exclaman: "No" al unísono. No importa cuánto tiempo o cuánto trate en concentrarme para tener el cuerpo del fornido actor, jamás lo conseguiré.

Por otro lado, el cristianismo declara: "Es verdad, por lo tanto lo creo". El creer en algo no lo convierte en verdadero y el no creer en algo no lo hace desaparecer. Jesús oró por nosotros en relación a ello. "No ruego que los quites del mundo, sino que los guardes del mal. No son del mundo, como tampoco yo soy del mundo. Santifícalos en tu verdad; tu palabra es verdad (Juan 15:15-17). Creemos en Dios y andamos por fe de acuerdo a su palabra. En nuestro libro *Emergiendo de la oscuridad* lo dijimos de la siguiente manera:

Si tú crees que puedes, tú puedes

Si piensas que eres golpeado, lo eres.
Si piensas que no te atreves, no lo harás.
Si quieres ganar pero piensas que no puedes, es casi
    seguro que no lo lograrás.
Si piensas que vas a perder, ya perdiste.
En el mundo creemos que el éxito empieza con el
    deseo de un individuo; que todo está en la mente.
Las batallas de la vida no siempre las ganan los fuertes
    o los rápidos; pero, tarde o temprano el hombre
    que gana es aquel que cree que puede.[2]

El cristiano cuenta con un potencial mayor al creer la verdad. El creer involucra la mente, pero no está limitada a ella. Puede que yo no comprenda muchas cosas de las verdades bíblicas, pero aún así, las creo. Creer, o tener fe va más allá de las limitaciones de la mente e involucra al mundo invisible pero no irreal. Teniendo al infinito Dios del universo como centro de la fe cristiana ¿qué puede detener a un cristiano para hacer lo que Dios quiere que haga? Además, no cuesta mucho más creer que uno *puede* que creer que *no puede*. La meta está en elegir la verdad, de llevar todo pensamiento cautivo a la obediencia a Cristo en vez de creer las mentiras del enemigo. Debido a que tú eres hijo de Dios, puedes confrontar a las dudas y la incredulidad.

Habíamos preguntado con anterioridad: ¿Si Dios quiere que algo se haga, se hará? Y si Dios nos manda a hacer algo ¿lo haremos?" La respuesta es: "¡Con seguridad!" Y si Dios te da su gracia ¿te contentarás con su voluntad en cualquier situación? Sí, porque él está contigo y tú estás en él. Puedes decir: "Todo lo puedo en Cristo que me fortalece" (Filipenses 4:13)

La mentira a rechazar:

Rechazo la mentira de Satanás que dice que no puedo hacer lo que Dios me pide.

La verdad a aceptar:

Acepto la verdad que puedo hacer todo en Cristo que me fortalece.

Oración para hoy:

Querido Padre celestial: Gracias por revelarme mi verdadera identidad en Cristo. Gracias por mostrarme en tu Palabra como suples mis necesidades de aceptación, seguridad y sentido en Cristo. Siento que quiero decir: "Señor, creo, pero ayúdame en mi incredulidad". Enséñame a llevar cautivo todo pensamiento a la obediencia de Cristo. Quiero ser un hijo de Dios que viva por fe. Renuncio a las mentiras de Satanás que dicen que no puedo y declaro la verdad que todo lo puedo en Cristo que me fortalece. Oro por la renovación de mi mente para poder probar que la voluntad de Dios es buena, aceptable y perfecta para mí. Te amo con todo mi corazón, mente y fuerza. Tú eres el Señor del universo y el Señor de mi vida desde ahora y para siempre. Oro en el precioso nombre de Jesús. Amén.

Extras extremas

Escudriña la Palabra

Escribe lo que significan para ti los siguientes versículos.

1 Corintios 15:10: _______________________________

1 Pedro 2:5: _______________________________

1 Pedro 2:11: _______________________________

1 Pedro 5:8: _______________________________

1 Juan 3:1-2: _______________________________

1 Juan 5:18: _______________________________

Abre tu mente

Memoriza 1 Pedro 2:5:

> *Vosotros también, como piedras vivas, sed edificados como casa espiritual y sacerdocio santo, para ofrecer sacrificios espirituales aceptables a Dios por medio de Jesucristo.*

Exprésate

5

Archivos-X sobre el temor

La batalla por la mente

Sed sobrios y velad; porque vuestro adversario el diablo, como león rugiente, anda alrededor buscando a quien devorar; al cual resistid firmes en la fe, sabiendo que los mismos padecimientos se van cumpliendo en vuestros hermanos en todo el mundo. Mas el Dios de toda gracia, que nos llamó a su gloria eterna en Jesucristo, después que hayáis padecido un poco de tiempo, él mismo os perfeccione, afirme, fortalezca y establezca.

1 Pedro 5:8-10

Hace algunos años tuve (Dave) la oportunidad de viajar a Zaire, África con varios estudiantes en un viaje misionero. Habíamos trabajado mucho, por lo que decidimos tomarnos un día libre un fin de semana e ir a Rwindi, una reserva de vida salvaje. Todo lo que necesitábamos era una buena vista y pescar un poco para relajarnos y recargar las baterías.

Apenas habíamos ingresado al parque cuando nos topamos con dos leones que peleaban en medio del camino. Indiscutiblemente, estaban peleando por una leona. ¡Los varones siempre tienen que probarse a sí mismos! El misionero local que había vivido en aquella zona por espacio de treinta años comenzó a explicarnos el comportamiento de los leones salvajes.

Los machos duermen dieciocho horas al día y las hembras van de cacería. Las leonas le traen la caza a los machos y él come primero. ¡Qué vida! Déjenme recordarles a mis lectores masculinos, que Dios no los creó a ustedes para que se comporten como animales.

El león cumple una función importante a lo que a la caza se refiere. Su trabajo está en salir a la sabana y rugir, mientras las leonas se mantienen ocultas entre los matorrales frente a él. En el medio se halla la presa. La presa, generalmente se asusta con el majestuoso sonido del rugido del león y al intentar escapar, va directamente en dirección a las leonas que lo están esperando para comérselo.

La presa no se da cuenta que el león es, por lo general, tan grande y perezoso que no puede perseguirlo. Su rugido es un rugido vacío. ¿Qué pasaría si la presa no se asustara y se quedara quieta en su sitio? Evitaría caer en la trampa que la conduce a la muerte.

Primera de Pedro 5:8 nos recuerda: "Sed sobrios y velad; porque vuestro adversario el diablo, como *león rugiente*, anda alrededor buscando a quien devorar"(énfasis agregado).

Pedro usa la ilustración del león porque el diablo, como ese león gordo, tiene ciertas limitaciones. Hay una cosa que Satanás no puede hacer y es, tocar tu posición en Cristo. Pero Satanás es un buen bufón. Él tiene un fuerte rugido. Resístelo. Párate firme en la fe (1 Pedro 5:9) y no te hará daño.

Satanás es un maestro en crear miedo, pero en ningún lugar de la Biblia se nos dice que debamos temerle a él o a sus huestes de ángeles caídos. El miedo nace cuando algo es poderoso y presente. Para conquistar el miedo del enemigo debemos comprender que nada es más poderoso y presente que Dios.

Cuando tú encuentras libertad en Cristo, puedes sentir la presencia de Dios y su poder. Puedes escuchar la voz de Dios y comprender la Biblia; puedes orar y alabarlo a él. Las personas atrapadas en conflictos espirituales encuentran casi imposible alabar a Dios, leer la palabra de Dios, ni siquiera pueden orar. Algunas personas en el cuerpo de Cristo que no comprenden la batalla mental de aquellos que se encuentran esclavizados, suelen decir: "Necesitas leer más la Biblia y orar con intensidad". Pero cuando estás atado, rindes tu libertad y pierdes tu derecho a escoger. Llegas a ser como Pablo en Romanos 7:19: "Porque no hago el bien que quiero, sino el mal que no quiero, eso hago". Al encontrar tu libertad en Cristo recobras el derecho a elegir. Ahora puedes leer y entender la Palabra de Dios porque estás sometido a él y has cerrado la puerta al enemigo. El que tengas asegurada tu libertad en Cristo, no significa que el enemigo se va a hacer el muerto. Él no se va a dar por vencido. Seguirá tentándote, acusándote y hasta engañándote si se lo permites. Él es como la espantosa imagen del mago de Oz. El auto proclamado, poderoso y maravilloso Oz, cuando, en realidad no era más que humo y espejos, pudo hacer que la gente creyera una mentira, la de que era más poderoso de lo que verdaderamente era. Cuando el perrito Toto corre la cortina dejando a Oz al descubierto, la mentira y el poder de Oz se rompen; no era más que un hombrecito de Kansas, un embustero.

Cuando encuentras tu libertad en Cristo ya no tienes que obedecer al pecado. Eres libre de tomar el camino de Dios para escapar. Ahora puedes ver a través del humo de Satanás y de los espejos, destapar las mentiras y destruir su poder y su influencia sobre ti. Pero él insistirá en engañarte.

No puedes esperar que tu mamá, tu papá o tu pastor peleen la batalla por ti. Ellos no siempre saben cuándo estás siendo tentado, acusado o engañado. Es tu mente y tu batalla. Solamente Cristo puede ser tu verdadera fuerza, solamente él sabe lo que estás pensando y sintiendo. Jesús es quien puede revelarle a tu mente lo que necesitas confesar y renunciar, y solamente Jesús puede ayudarte a mantener tu libertad al nivel más profundo.

Si estás siendo liberado de profundas ataduras que no habían sido molestadas en años, puede que estés cansado de pelear. Aguanta, no seas haragán y resbales nuevamente hacia ellas. Ahora eres libre. Es importante que durante este tiempo en el que estrenas tu libertad, tomes cuidadosos pasos para renovar tu mente. De eso se trata este libro. Cuando encuentras tu libertad en Cristo, descubres también tu autoridad en Cristo para decirle al enemigo que se vaya, que tus pensamientos están cautivos a la obediencia a Cristo. Ha llegado el momento de poner a trabajar tu libertad, de meterte en la

Palabra de Dios, de aprender la Escritura de memoria, de orar, ayunar y adorar a Dios. Todas las cosas que no has podido hacer anteriormente, ahora son tuyas, para que participes libremente.

Has asegurado tu libertad, al pedirle a Dios que te revele lo que te ha mantenido esclavizado. Has confesado, perdonado y renunciado a las mentiras en las que creías. Pero todavía, el enemigo intentará volver a atacarte. Muchos de quienes han seguido los *Pasos hacia la libertad* nos han dicho que a los pocos días el enemigo había tratado de reclamar el territorio perdido. Una persona nos dijo: "No me siento libre. Sé que hay algo más que es necesario que confiese y que renuncie. Le pedí a Dios que me mostrase qué era, pero no me vino a la mente".

Dios es misericordioso y puede que no revele todo de una vez, o, esperará hasta que nosotros estemos preparados para enfrentarnos con ello. Pero él nunca nos va a dejar intranquilos o con el sentimiento que falta algo. Si Dios no revela nada para que te arrepientas, es que no hay nada que confesar o renunciar. Eres libre. Puede que no te sientas libre, pero recuerda que no andamos de acuerdo con nuestros sentimientos. Hemos sido llamados a caminar en la verdad, más allá de como nos sintamos. Tenemos muy poco control sobre lo que sentimos, pero siempre podemos escoger creer la verdad. Podemos usar la autoridad que tenemos en Cristo para decirle al enemigo que se vaya si sospechamos que quiere influenciarnos.

Di la siguiente declaración en voz alta.

La mentira a rechazar:

Rechazo la mentira que soy incapaz de resistir al diablo.

La verdad a aceptar:

Acepto la verdad que en Cristo soy capaz de pararme firme en mi fe.

Oración para hoy:

Querido Padre celestial: Gracias por vencer al enemigo. Sé que has derrotado a Satanás por la obra de la cruz. Debido a que te he aceptado como mi Salvador, ahora reconozco que él no tiene poder sobre mí a no ser que desobedezca tu palabra y abra puertas a la influencia del enemigo. Por favor, revélale a mi mente si he abierto alguna puerta en mi vida al enemigo. Quiero creer tu verdad y rechazar las mentiras del enemigo. Oro en el nombre de Jesús. Amén.

————— Día 22 —————

Porque no nos ha dado Dios espíritu de cobardía, sino de poder, de amor y de dominio propio.

2 Timoteo 1:7

El temor siempre cuenta con algo que lo produce. Podemos temer a las alturas, al fuego, a los espacios reducidos, a los viajes en avión u otras cosas. Para que el temor se legitimice, tiene que contar con dos cualidades. Tiene que ser tanto poderoso como estar presente.

Recuerdo (Dave) haber escuchado, cuando estuve en África, el nombre Swahili para serpiente. Cuando escuchas la palabra "serpiente" prestas atención ya que allí hay varias especies interesantes. Un día, una niñita dijo haber visto una serpiente y nos pidió que fuésemos a matarla. A esa clase de serpiente, la cobra verde, los africanos la llaman la de los tres pasos. Si te muerde, puedes dar tres pasos antes de morir. Al instante me encontré con la vista fija en la cobra que medía dos metros y que estaba sobre un árbol. Te imaginarás el miedo saludable que le tenía a esa cobra. ¿Por qué? Porque estaba presente y era poderosa. Ahora, sentado acá y rememorando el episodio no siento ningún temor. La razón, por supuesto, es que aquí no hay ninguna serpiente. Pero si abrieras la puerta de mi estudio y me arrojaras una a los pies, mi temor subiría de 0 a 10 inmediatamente ya que esa serpiente sería poderosa y estaría presente. Después de haber matado la serpiente y haberle cortado la cabeza, todos posamos para la cámara, sujetando valientemente el reptil en nuestras manos, sin temor alguno. ¿Por qué no teníamos miedo? Porque la serpiente había perdido uno de los atributos que causan temor. Estaba presente, pero no era poderosa. Estaba muerta, decapitada, incapaz de morder y usar su veneno mortal. Para resolver el temor en tu vida, debes quitar ya sea la presencia del objeto causante del temor o su poder.

El temor es un fuerte controlador que nos impulsa a hacer cosas irresponsables o destructivas. Seguramente has escuchado la siguiente historia de una mujer llamada Sara. Su historia muestra cómo el temor puede controlarnos si no nos damos cuenta del poder y la presencia de Cristo.

Sara era más que rica; era millonaria. Era muy popular y poderosa, pero vivía atemorizada. Su única hija había muerto a las cinco semanas de haber nacido. Para empeorar las cosas, también su marido había muerto. Sin que nada la retuviese en su casa de New Haven, Conecticut, Sara decidió mudarse al oeste. Era el año de 1884 y el oeste había sido ganado gracias a la caballería y a sus armas avanzadas. Debido a ello, no tenía miedo de ir al oeste. Existía otra clase de miedo que la llevaba a San José en California.

El miedo la controlaba, la aprisionaba, la esclavizaba. Sara anhelaba la libertad.

Compró una casa de ocho habitaciones en una granja, en un terreno de 160 acres. Lo que hizo después fue impulsado por sus temores secretos. Contrató docenas de carpinteros a quienes hizo trabajar en la construcción de una mansión que acabaría con sus temores.

Los planos de construcción eran de 13 paneles en todas las paredes, 13 vidrios en todas las ventanas, 13 perchas en cada clóset y 13 lámparas en cada candelero. El número trece fue colocado en todo lo que fuera posible. Había serpenteantes pasillos, algunos de los cuales no llevaban a ningún lado. Una puerta se abría a una pared, otra daba a un hueco de 8 metros. Una de las escaleras terminaba en un cielorraso que no tenía puerta. Había puertas trampas, pasadizos secretos, túneles. Esta no era la casa de descanso de Sara para su vejez; era un castillo para sus temores ocultos.

La construcción de esta mansión del temor sólo acabó cuando Sara murió. ¿Por qué Sara hizo construir una mansión semejante? ¿Acaso no vivía sola? "Casi" –contestarían algunos que conocen la historia– "había visitas..."

Y las visitas venían todas las noches.

Una de las muchas leyendas dice que cada noche, a medianoche, los espíritus aparecían y perseguían a Sara. Sin poder dormir, ella caminaba por los serpenteantes pasillos de la casa, con la esperanza de confundir a los espíritus en aquellos laberintos para que no la persiguiesen más. Se quedaban hasta las dos de la madrugada, cuando uno de los sirvientes hacía sonar una campana. Recién entonces, Sara podía descansar. Ella volvía a sus aposentos y los fantasmas a sus tumbas.

¿Quién levantaba esta legión de fantasmas? ¿Fueron los indios y soldados muertos en la frontera de los Estados Unidos por las balas de los famosos rifles Winchester? Lo que había hecho millonaria a Sara Winchester les había traído la muerte a ellos.

Sara pasó los años que le quedaron en una mansión de terror, tratando de tenderle una trampa a la muerte.

¿Qué si creo que Sara haya visto fantasmas? No. Si algo vio, fueron espíritus engañadores contentos de jugar con sus temores apareciendo como indios y soldados. Si ella hubiese conocido a Cristo y hubiese sabido la autoridad que tenía en él, hubiese parado la interminable construcción y hubiese echado fuera los espíritus con una sola oración.

En nuestra experiencia, cuando los jóvenes sienten un abrumador sentimiento de temor sin razón aparente, es causado por el enemigo.

Con frecuencia la gente nos pregunta el motivo por el cual no tememos a Satanás en nuestro ministerio. Les decimos que no existe ningún versículo en la Biblia que nos diga que debemos temerle. Su estrategia es rugir como un león hambriento buscando a quien devorar. Él ruge con la intención de paralizar a su presa. El temor de Satanás es mucho más presente de lo que nos imaginamos. Pero ha sido nuestro privilegio ver cientos de jóvenes liberados de sus temores.

No sólo no debemos temer a Satanás, sino que no debemos temer a otras personas, ni siquiera a la muerte. Mateo 10:28 nos dice: "Y no temáis a los que matan el cuerpo, mas el alma no pueden matar; temed más bien a aquel que puede destruir el alma y el cuerpo en el infierno". La gente no es un motivo legítimo de temor para un cristiano. Muchas veces permitimos que nos intimiden al punto de perder el dominio propio. Cuando esto sucede, el Espíritu de Dios ya no nos controla ni ejercitamos el dominio propio. Le damos cabida a un insalubre temor en vez de permitir que la fe controle nuestras vidas.

Ni siquiera la muerte es un legítimo motivo de temor. Hebreos 9:27 dice: "Y de la manera que está establecido para los hombres que mueran una sola vez y después de esto el juicio". La muerte es inminente, pero Dios le ha quitado su poder sobre nosotros. Como dice 1 Corintios 15:54-55: "... sorbida es la muerte en victoria. ¿Dónde está, oh muerte, tu aguijón? ¿Dónde, oh sepulcro, tu victoria?" La persona que está libre del temor a la muerte es libre para vivir.

De todas maneras, existe un legítimo y último temor en nuestras vidas, el temor a Dios. Eso es debido a que él es tanto omnipresente como omnipotente. Y el temor a Dios puede expulsar todos los demás temores.

"No llaméis conspiración a todas las cosas que este pueblo llama conspiración; ni temáis lo que ellos temen, ni tengáis miedo. A Jehová de los ejércitos, a él santificad; sea él vuestro temor y él sea vuestro miedo.

Entonces él será por santuario; pero, a las dos casas de Israel, por piedra para tropezar, y por tropezadero para caer, y por lazo y por red al morador de Jerusalén" (Isaías 8:12-14).

Temer a Dios es adjudicarle a él aquellos atributos que son la base del santuario, el lugar seguro en esta vida. Debemos comprender que el temor a Dios no incluye el castigo. No tememos a Dios porque algún día él nos va a castigar. Dios el Padre ya ha colocado en Cristo el castigo por nuestros pecados. "En el amor no hay temor, sino que el perfecto amor echa fuera el temor; porque el temor lleva en sí castigo. De donde el que teme no ha sido perfeccionado en el amor" (1 Juan 4:18)

Debemos reverenciar a Dios como Señor del universo y Señor de nuestras vidas e inclinémonos humildemente delante de él. Cuando nosotros, con admiración y reverencia, hacemos de Dios nuestro temor supremo y colocamos a Jesús como Señor de nuestras vidas, experimentamos la libertad que Cristo compró para nosotros en la cruz.

La mentira a rechazar:

Rechazo la mentira de que debo vivir temiéndole al hombre, a la muerte o a Satanás.

La verdad a aceptar:

Acepto la verdad que nadie está más presente y es más poderoso que Dios; por lo que no debo temer al hombre, a la muerte o a Satanás.

Oración para hoy:

Querido Padre celestial: Te reconozco como el único y legítimo motivo de temor en mi vida. Tú eres todopoderoso y siempre presente. Debido a tu amor y a la obra consumada por Cristo, ya no temeré castigo alguno. Te santifico como Señor de mi vida y clamo por el espíritu de poder, de amor y de dominio propio que viene de tu presencia en mi vida. Renuncio a temerle a Satanás y renuncio a todas sus mentiras, las que me puedan hacer temer. Muéstrame cómo he permitido que el temor a la gente y a la muerte controlen mi vida. Me entrego a ti y te adoro solamente a ti como mi amante Padre celestial para que pueda ser guiado por fe y no por temor. Te lo pido en el precioso nombre de Jesús. Amén.

Día 23

Sabemos que todo aquel que ha nacido de Dios no practica el pecado, pues Aquel que fue engendrado por Dios le guarda y el maligno no le toca. Sabemos que somos de Dios y el mundo entero está bajo el maligno. Pero sabemos que el Hijo de Dios ha venido y nos ha dado entendimiento para conocer al que es verdadero; y estamos en el verdadero, en su Hijo Jesucristo. Este es el verdadero Dios, y la vida eterno.

1 Juan 5:18-20

Hace algunos años, un consejero cristiano me pidió (Neil) tomar uno de sus casos. Había estado aconsejando a una joven durante cuatro años, con muy poco éxito. Él se preguntaba si el problema de la joven no sería de orden demoníaco. Admitió no tener experiencia en ese área. Ella tenía marcas de pentagramas sobre su piel y muchas otras evidencias físicas de rituales satánicos. Yo pensé. *¡Esa es una pista!*

A los pocos minutos de estar con ella, le dije: -Se está llevando a cabo una batalla por tu mente.

–¡Gracias a Dios! ¡Al fin alguien lo entiende! –me dijo.

A la semana siguiente volvió a mi oficina y mientras estábamos conversando, de repente esta mujer se desorientó, se levantó de su silla acercándose a mí. ¿Qué puede hacer uno en una situación así? La miré y le dije a las fuerzas que se habían apoderado de ella: –Soy un hijo de Dios, no me puedes tocar (ver 1 Juan 5:18) Ella se detuvo. Le indiqué que se sentara y volvió a su silla.

Por cierto, la autoridad no aumenta con el volumen. No tenemos que gritarle al diablo; podemos tomar autoridad tranquilamente en Cristo.

Compartí esta historia con un grupo en la costa este de los Estados Unidos y algunas semanas más tarde un estudiante que cursaba su doctorado se me acercó para agradecerme por ese ejemplo. Me dijo: –Hace unos días estaba en la parada del ómnibus cuando se me acercaron tres individuos para robarme. Neil, fue como si pudiese ver a través de ellos. Por lo que dije con toda confianza: Soy un hijo de Dios, y el maligno no puede tocarme". Los tres ladrones dijeron: ¿Qué? Yo repetí: Soy un hijo de Dios y el maligno no puede tocarme. Ellos dijeron: ¡Oh! y se fueron.

Este estudiante había descubierto claramente la fuente de oposición, que era espiritual. Las personas con problemas espirituales generalmente, tienen un problema en común, carecen de un verdadero conocimiento de su identidad en Cristo. Si el mundo entero está bajo el control del maligno, entonces, la *única* seguridad legítima que tenemos está *en Cristo*. En el pasaje con el que comenzamos el día de hoy, Juan repite "Sabemos"..."sabemos"..."sabemos". En cada caso, se refiere a la seguridad que es nuestra como hijos de Dios.

No podemos usar frases hechas por ritual o fórmulas trilladas para ganar nuestras batallas con el diablo, como se dieron cuenta algunos impostores espirituales en Hechos 19:13-16:

> *Pero algunos de los judíos, exorcistas ambulantes, intentaron invocar el nombre del Señor Jesús sobre los que tenían espíritus malos, diciendo: Os conjuro por Jesús, el que predica Pablo. Había siete hijos de un tal Esceva, judío, jefe de los sacerdotes, que hacían esto. Pero respondiendo el espíritu malo, dijo: A Jesús conozco y sé quién es Pablo; pero vosotros ¿quiénes sois? Y el hombre en quien estaba el espíritu malo, saltando sobre ellos y dominándolos, pudo más que ellos, de tal manera que huyeron de aquella casa desnudos y heridos.*

¿Alguna vez te despertaste de noche aterrorizado? Puede que hayas sentido una opresión en el pecho o una presencia maligna en la habitación. Quizás intentaste responder, pero no pudiste. Casi en todas las conferencias que hemos dado alrededor del mundo, entre un cuarto y la mitad de los jóvenes asistentes han sentido un ataque similar. No es pecado estar bajo ataque, por supuesto; como tampoco es pecado ser tentado. ¿Qué debes hacer? Primeramente, recuerda lo que dice 2 Corintios 10:4: "Porque las armas de nuestra milicia no son carnales".

Al principio puede que te sientas sin fuerzas para responder físicamente. Yo creo que Dios lo permite para probarnos. Es como si dijese: Vamos, trata de salir de ésta por ti mismo, a ver qué puedes hacer. Pero no podemos. Necesitamos a Dios, definitivamente. La Biblia dice que los que clamen el nombre de Señor, serán salvos. Pero ¿cómo puedes clamar si te has quedado sin habla? La respuesta se halla en Santiago 4:7: "Someteos, pues, a Dios. Resistid al diablo y él huirá de vosotros".

Dios conoce los pensamientos e intenciones de tu corazón. Más allá de lo que suceda a tu alrededor, siempre puedes volver tus pensamientos hacia él. Tan pronto como reconozcas su autoridad en tu vida, serás librado como para clamar al Señor. Todo lo que tienes que decir es: "Jesús". Pero tienes que decirlo *en voz alta*. Satanás no tiene obligación de obedecer tus pensamientos, ni siquiera los conoce. Solamente Dios es omnisciente. Nunca le adjudiques los atributos divinos de Dios a Satanás. Él es un ser creado, no el Creador.

El diablo es el padre de mentiras y su poder está en la mentira. Pero la verdad nos da libertad. Cuando tú dejas al descubierto la mentira, rompes su poder. Para el cristiano, el poder descansa en la verdad. En ningún lugar la Biblia nos dice que debamos ir detrás del poder en este mundo. ¿Por qué? Porque ya lo tenemos. El apóstol Pablo oró para que nuestros ojos estuviesen abiertos para ver el poder que ya tenemos (ver Efesios 1:18-19).

Debido a nuestra posición en Cristo, tenemos la autoridad y la responsabilidad de resistir al diablo. Pero intentarlo sin primero sujetarnos a Dios puede resultar en una lucha de poder. Por otro lado, someterse a Dios sin resistir al diablo puede que te esclavice. Recuerda que Santiago 4:7 nos dice: Que primero nos sometamos a Dios y luego que asumamos nuestra responsabilidad de resistir al diablo.

Los pecados habituales y los sin arrepentimiento se acumulan como la basura y la basura atrae a las ratas. La tendencia es espantar las ratas pero, volverán. La llave está en deshacerse de la basura y las ratas no tendrán motivo para volver.

El nacido de nuevo en Dios no continúa en pecado. Estará bajo la convicción del Espíritu Santo, quien siempre lo conducirá hacia Dios. Aunque te encuentres luchando en tu vida cristiana, debes saber que en los brazos de Dios estás a salvo. El maligno no puede tocar a quienes están en Cristo. En Dios estamos confiados, ya que su Palabra nos dice que "sé que soy un hijo de Dios, que he sido comprado con la sangre de Cristo Jesús, que estoy en Cristo y que nada me puede separar del amor de Dios.

Te invitamos a que leas *Emergiendo de la oscuridad* y *Rompiendo las cadenas (edición jóvenes para más información al respecto.*

Nuestra única seguridad se encuentra en Cristo. Como dice 1 Juan 5:13: "Estas cosas os he escrito a vosotros que creéis en el nombre del Hijo de Dios, para que sepáis que tenéis vida eterna, y para que creáis en el nombre del Hijo de Dios". Esta es la confianza que Dios quiere que tengamos, ese es nuestro santuario.

La mentira a rechazar:

Rechazo la mentira de que no tengo poder y estoy bajo el control de Satanás.

La verdad a aceptar:

Acepto la verdad que estoy en Cristo y no estoy sujeto al dios de este mundo.

Oración para hoy:

Querido Padre celestial: Gracias por mi seguridad en Cristo. El maligno no puede tocarme. Te traigo toda la basura que he acumulado en mi vida antes de conocerte. Ya no quiero vivir más en pecado. Ahora tomo la decisión de recibir tu convicción y buscar que me limpies al confesar mis pecados. Asumiré mi responsabilidad de ponerme la armadura de Dios y resistir al diablo. Renuncio a las mentiras de Satanás que dicen que no tengo poder y que estoy bajo su control. Estoy en Cristo y no estoy sujeto al dios de este mundo. Por tu gracia, soy tu hijo y tú me guardarás. Oro en el precioso nombre de Jesús. Amén.

Día 24

Mas el fruto del Espíritu es amor, gozo, paz, paciencia, benignidad, bondad, fe, mansedumbre, templanza; contra tales cosas no hay ley. Pero los que son de Cristo han crucificado la carne con sus pasiones y deseos. Si vivimos por el Espíritu, andemos también por el Espíritu.

Gálatas 5:22-25

Una de las mentiras favoritas de Satanás es :¡Esfuérzate más!

Pero el vivir tu libertad en Cristo no es cosa de determinación personal. El esforzarte no te libera de la atadura al pecado ni tampoco te da libertad. Es más, el que sigas unos ejercicios tampoco te da libertad. Jesucristo es quien puede liberarte. Al someterte a la verdad de Dios, confesar, perdonar, renunciar a las mentiras del enemigo y anunciar la verdad de Dios, cierras el camino de esclavitud y abres el camino a la libertad. Gálatas 5:22-25 nos recuerda que "el fruto del Espíritu es amor, gozo, paz, paciencia, benignidad, bondad, fe, mansedumbre, templanza; contra tales cosas no hay ley. Pero los que son de Cristo han crucificado la carne con sus pasiones y deseos. Si vivimos por el Espíritu, andemos también por el Espíritu".

Conservamos nuestra libertad al decidir creer la verdad y caminar en el Espíritu. Nunca podremos manipular nuestra carne para manifestar un fruto del Espíritu. Ningún poder humano puede extraer de nuestro interior una sola gota de libertad u obediencia a Dios. Ninguna cantidad de pensamientos positivos, grupos de apoyo, visitas a iglesias, lecturas bíblicas o tiempo de oración pueden sustituir la presencia del Espíritu Santo; solamente una relación íntima con Jesucristo puede asegurarnos la presencia del Espíritu. Zacarías 4:6 dice: "No con ejército ni con fuerza, sino con mi Espíritu, ha dicho Jehová de los ejércitos".

El mundo nos dice: "Tú puedes hacerlo. No necesitas a Dios ni a nadie más. Tú puedes hacerte cargo de tu propia vida, resolver tus problemas". Oh no, no podemos. Necesitamos a Dios, absolutamente. Y desesperadamente nos necesitamos los unos a los otros. Hemos sido condicionados por las mentiras del mundo. Pero la forma en que se conduce el mundo no es la manera en que Dios lo hace. El mundo está sometido al dios de este mundo, Satanás. Él ha echado a correr la mentira que podemos vivir independientemente de Dios. El pecado original de Satanás fue su deseo de independizarse de Dios, de hacer las cosas a su manera, con sus propias fuerzas. Pero el deseo y designio de Dios para nosotros es que seamos totalmente dependientes de él. El intento de Satanás de controlar y engrandecer su vida lo llevó a su caída del cielo. Y cuando Adán y Eva trataron de vivir independientemente de Dios, rompieron su relación con su Creador y fueron echados del paraíso (ver Génesis 3).

Cuando vivías esclavizado, fuiste engañado a depender de ti mismo o en las mentiras de Satanás. Pero ahora que eres libre, puedes renovar tu mente y derribar cualquier pensamiento que te induzca a querer vivir independientemente de Dios (mira 2 Corintios 10:5). No podemos subestimar el poder de las mentiras de Satanás y la influencia del mundo en nuestra mente. La programación del mundo nos ha condicionado a pensar independientemente, mucho más allá de lo que nos damos cuenta. Nosotros puntos ciegos, pero Dios es fiel para revelarnos en qué estamos siendo engañados. Esto nos demuestra cuán desesperadamente necesitamos de él. Ni siquiera podemos ver nuestras necesidades, mucho menos, suplirlas.

Por medio de su Palabra, Dios nos revela nuestros puntos ciegos, al mismo tiempo que reconstruye la relación interrumpida con él. Vemos la dependencia como algo vergonzoso. En cambio Dios ve la apropiada dependencia de él como algo esencial para una relación personal y amorosa con él. La intimidad y comunión con Dios son posibles solamente si nos sometemos a sus amantes caminos dependiendo de él para vivir. Cuando Pablo le pidió a Dios algo en relación a cierta debilidad suya el Señor le contestó: "Bástate mi gracia; porque mi poder se perfecciona en la debilidad". Pablo siguió diciendo: "Por amor a Cristo me gozo en las debilidades, en afrentas, en necesidades,en persecuciones, en angustias; porque cuando soy débil, entonces, soy fuerte" (2 Corintios 12:9-10).

Nos dirigimos a la esclavitud cuando declaramos nuestra fortaleza y nuestra independencia de Dios. Nuestra independiente voluntad nos lleva a un falso sentimiento de seguridad; llegamos a confiar en nosotros mismos y no en Dios.

Jesús no quiere que vayamos solos por este mundo. Él quiere ayudarnos. Él está unido a nosotros (Mateo 11:29-30). Pero para colocarte el yugo de Jesús, primero tienes que quitarte cualquier otro yugo y declarar que necesitas el yugo de Jesús o su fortaleza. Ahora tú y Jesús están atados juntos. Tú jamás unirías a dos animales de diferente clase, como por ejemplo un buey y una mula. Uno de ellos se podría romper el cuello porque caminan a un ritmo diferente. La ilustración de Jesús implica que has sido creado a imagen de Dios. Ya eres un hijo de Dios que vive en el Espíritu. Ahora puedes mantener el paso con el Espíritu.

Cuando unimos nuestra fuerza a la de Dios y a la del cuerpo de Cristo, llegamos a ser una cuerda de tres dobleces. "Y si alguno prevaleciera contra uno, dos le resistirán; y cordón de tres dobleces no se rompe pronto" (Eclesiastés 4:12)

La mentira a rechazar:

Rechazo la mentira que soy capaz de vivir la vida cristiana por mi propia fuerza.

La verdad a aceptar:

Acepto la verdad que sólo en Cristo puedo caminar en libertad y agradar a Dios.

Oración para hoy:

Querido Padre celestial: Confieso que a veces he intentado vivir la vida cristiana con mis propias fuerzas. Pero sé que sólo con el poder de tu Espíritu Santo puedo caminar en libertad y agradarte. Señor, confieso y renuncio a mi autodeterminación y declaro que no es con mi fuerza ni con mi poder que caminaré en libertad, sino con tu Espíritu. Señor, aquí y ahora declaro mi total y completa dependencia de ti. Declaro que fuera de Cristo no puedo hacer nada. Solamente por medio de tu verdad soy libre de mis pecados y ataduras. Gracias por el poder de vivir por tu Espíritu Santo y la guía hacia toda verdad. Creo que soy espiritualmente fuerte, no por mi fuerza, sino porque Jesús es mi fortaleza. Gracias por estar unido a Cristo en el mismo yugo y que su yugo es mi fortaleza. Gracias porque tu yugo es fácil. Señor, te pido que traigas un fresco mover de tu Espíritu sobre mí para que camine al mismo ritmo con el Espíritu. Oro en el nombre de Jesús. Amén.

————Día 25————

Y el que nos confirma con vosotros en Cristo, y el que nos ungió es Dios, el cual también nos ha sellado y nos ha dado las arras del Espíritu en nuestros corazones

2 Corintios 1:21-22

Vivimos en una nación donde se cuestiona la autoridad y los líderes son desafiados, hay falta de confianza, existe un espíritu de incredulidad. ¿Pero la pérdida de confianza en la humanidad altera nuestra confianza en Dios? "¿Pues qué, si algunos de ellos han sido incrédulos? ¿Su incredulidad ha hecho nula la fidelidad de Dios? De ninguna manera; antes bien sea Dios veraz y todo hombre mentiroso" (Romanos 3:3-4).

Números 23:19 dice: "Dios no es hombre para que mienta" y Hebreos 6:18: "Es imposible que Dios mienta".

Los reinos humanos van y vienen, las autoridades del mundo surgen y caen. Pero, la integridad de la iglesia no está basada en la fugaz naturaleza del hombre o la credibilidad de los gobiernos; tampoco nuestra relación con Dios se basa en ello. Al contrario, la integridad de la iglesia y nuestra relación con Dios están basadas en su fidelidad y la seguridad en su Palabra.

"Y el que nos confirma con vosotros en Cristo, y el que nos ungió, es Dios" (2 Corintios 1:21). Dios es quien nos establece. ¿Cómo lo hace? Primero, nos unge. Cristos la palabra griega de Cristo significa "el ungido". En este pasaje, la palabra ungido es la griega *Chrio* que se usa en la Septuaginta (la traducción griega del Antiguo Testamento antes de Cristo) para los reyes, sacerdotes y profetas. Este es un término real; a alguien se le unge para una posición de realeza. Pedro capta esta idea cuando escribe: "Mas vosotros sois linaje escogido, real sacerdocio, nación santa, pueblo adquirido por Dios, para que anunciéis las virtudes de aquel que os llamó de las tinieblas a su luz admirable (1 Pedro 2:9). Aquí no estamos hablando de un reino temporal; este es el reino *eterno* de Dios y el *mismo* Dios nos ha ungido para ser parte de él.

No solamente eso, Dios ha colocado su sello de propiedad sobre nosotros. Históricamente, los reyes y otras figuras reales usaban sellos como medio para comunicar la integridad y autoridad de sus mensajes. Le echaban cera caliente a la carta para lacrarla. Luego la sellaban imprimiéndole el anillo o alguna otra insignia oficial sobre la cera. Una vez que se abría la carta y se rompía el sello, ya no se podía asegurar su contenido.

En nuestro país contamos con un sello que significan los derechos y privilegios de la ciudadanía, pero los cristianos, tenemos un sello mayor otorgado por Dios que nos asegura mucho más.

Hemos sido comprados por la sangre del Cordero. Dios ha colocado su sello sobre nosotros, garantizándonos su protección en cualquier problema, ahora y siempre.

Somos el pueblo del Pacto y participantes en un nuevo pacto, no uno escrito en piedra sino en nuestros corazones. "Este es el pacto que haré con ellos después de aquellos días, dice el Señor; pondré mis leyes en sus corazones, y en sus mentes las escribiré; añade: Y nunca más me acordaré de sus pecados y transgresiones" (Hebreos 10:16-17). No sólo estamos sellados, sino que Dios ha puesto su Espíritu en nuestros corazones como depósito, garantizando lo por venir. Pablo dice en Efesios 1:13-14: "En él también vosotros, habiendo oído la palabra de verdad, el evangelio de vuestra salvación, y habiendo creído en él, fuisteis sellados con el Espíritu Santo de la promesa, que es las arras de nuestra herencia hasta la redención de la posesión adquirida, para alabanza de su gloria". Esta garantía no se te ofrece por intermedio de alguna influencia política, o alguna estrella del entretenimiento, o ni siquiera, por tu pastor. *Dios* la garantiza y la asegura dándonos su Espíritu Santo como pago inicial. Luego, contamos con la seguridad de Hebreos 13:5: "No te desampararé ni te dejaré".

Mientras las dudosas promesas y destructivas lenguas de los hombres destruyen la sociedad desde sus cimientos, debemos prestar oídos a Efesios 4:29-30: "Ninguna palabra corrompida salga de vuestra boca, sino la que sea buena para la necesaria edificación, a fin de dar gracia a los oyentes. Y no constristéis al Espíritu Santo de Dios, con el cual fuisteis sellados para el día de la redención".

La mentira a rechazar:

Rechazo la mentira de que Dios pueda mentirme alguna vez.

La verdad a aceptar:

Acepto la verdad que tú eres un Dios que no puede mentir y que no me mentirás.

Oración de hoy:

Querido Padre celestial: Te alabo por ser un Dios que no puede mentir. Perdóname por creer en las promesas de los hombres cuando debía haber descansado en tus promesas. Perdóname por cuestionar tu fidelidad basándome en la infidelidad de la gente. Renuncio a las mentiras de Satanás que cuestionan tu Palabra y me someto al Espíritu Santo quien me garantiza la herencia por venir. Gracias por afirmarme, ungirme, ponerme tu sello de propiedad y colocar tu Espíritu Santo en mi corazón. Oro en el nombre de Jesús y por la autoridad de su palabra. Amén.

Extras extremas

Escudriña la Palabra

Escribe lo que estos versículos dicen con respecto a ti:

Romanos 5:1: _______________________________

Romanos 6:1-6 _______________________________

Romanos 8:1: _______________________________

1 Corintios 1:30: _______________________________

1 Corintios 2:12: _______________________________

1 Corintios 2:16: _______________________________

Abre tu mente

Memoriza Romanos 5:1

Justificados, pues, por la fe, tenemos paz para con Dios por medio de nuestro Señor Jesucristo.

Exprésate

6

Una vida de excelencia

Creyendo la verdad

Porque en él habita corporalmente toda la plenitud de la Deidad, y vosotros estáis completos en él, que es la cabeza de todo principado y potestad.

Colosenses 2:9-10

Imagínate un auto nuevo, recién salido de la fábrica de Detroit, cuya publicidad lo presenta como el más lujoso y poderoso automóvil jamás fabricado. Tiene una chispa de vida debido a la batería, pero necesita que se le ponga gasolina. Un indígena de alguna tribu remota del Amazonas fue traído a inspeccionar este hermoso auto. Sin tener ningún conocimiento previo de automóviles, se pregunta asombrado el propósito de este objeto.

El indígena contempla las hermosas líneas del objeto, la simetría, los cromados, la pintura, creyendo que su valor radica en su belleza, como la de una estatua. Al sentarse en sus cómodas butacas, moviéndolas de atrás hacia adelante y de arriba para abajo, se pregunta si el objeto no habrá sido creado para proporcionar comodidad, ¿será una tienda reducida? Enciende el estéreo de cuatro parlantes pensando que, a lo mejor, el auto haya sido creado para disfrutar de la música. Cuando enciende las luces delanteras, piensa que tal vez el auto sirva para iluminar. Al tocar la bocina, piensa que se usará como advertencia. Entonces, alguien llena el tanque de combustible, lo pone en marcha y el vehículo comienza a avanzar. Finalmente, el hombre de la tribu comprende el propósito real para el cual ha sido creado el automóvil.

El propósito de un automóvil es que provea transportación, lo que puede hacer solamente cuando tiene combustible. La carrocería y los accesorios pueden ser lujosos, pero no pueden moverse por sí mismos. Tampoco el motor, por sí mismo, tiene poder propio. Su finalidad es convertir el combustible en energía aprovechable. Entonces, recién entonces, el automóvil puede cumplir con el propósito para el cual ha sido creado. Los seres humanos no hemos sido creados para funcionar independientemente de Dios. Dios creó a Adán y Eva espiritualmente vivos; sus almas estaban en comunión con él. Solamente así ellos podían cumplir con el propósito para el cual habían sido creados. Pero el hombre se rebeló escogiendo vivir independientemente de Dios. Por causa del pecado, el hombre queda separado de Dios. Sin Dios estamos incompletos. Pero su plan es presentarnos nuevamente completos en Cristo. El testimonio de una joven que se presenta a continuación ilustra muy bien este punto.

La palabra "incapacitado" describe a mi familia. Mi madre tiene atrofia muscular, mi padre poliomielitis y mi hermano parálisis cerebral. Aunque yo no he tenido problemas físicos, he visto las miradas y expresiones de la gente y siempre he sentido como si, en cierta medida, mi familia fuese rara.

Mi padre era abusivo, nos golpeaba regularmente. En una ocasión, en un arranque de furia, agarró a mi madre, quien estaba en su silla de ruedas, y le golpeó la cabeza contra la mesa de la cocina. Estaba esclavizado a la pornografía y generalmente me decía cosas horribles, tales como "perra" y "zorra". Una vez me confeccioné un vestido en la clase de costura y me lo arrancó diciendo que solamente una prostituta se podía poner un vestido como ese. Frecuentemente escuchaba a mi madre llorar y clamar al Señor para que le diese fortaleza. Yo iba perdiendo la esperanza lentamente. En séptimo grado, comencé a buscar una salida en el alcohol, luego en el sexo, lo que terminó con un aborto. A los 17 años, mamá murió y a los 18 estaba viviendo sola y manteniéndome a mí misma. Creí que iba a encontrar algo de paz, pero en cambio, me sentí vacía y llena de culpa. No sabía qué hacer con mi vida, pero lo que sí sabía era que necesitaba ayuda. Un día fui a una iglesia donde escuché hablar del perdón y el amor de Dios. Sollozando, le pedí a Jesús que viniese a mi vida. Una gran fuerza levantó mi abatido corazón y sentí un gozo indescriptible. Me sentí bien espiritualmente durante meses al asistir a estudios bíblicos y reunirme con otros cristianos. Pero mi novio, no cristiano, me seguía diciendo que me estaba poniendo rara. Yo todavía no conocía la Escritura como para rebatirle y estaba intimidada por él. Además, estábamos viviendo juntos y yo creía que lo necesitaba, aunque, era yo quien realmente lo mantenía a él. Cuando finalmente nos casamos, las cosas empeoraron. Él jugaba y yo volví a beber. Tenía la esperanza que nuestro primer hijo nos daría la ansiada felicidad, pero no fue así. Cuando nuestro segundo hijo tenía seis meses, mi marido se había jugado todo nuestro dinero y lo abandoné.

Estuve deprimida varios meses. Una noche decidí volver a vivir. Empecé a salir buscando la atención de los hombres, no me importaba si eran solteros o casados. Necesitaba que alguien me dijera que estaba bien. Pero, después de otra devastadora relación de pareja, escuché al Señor diciéndome: "No necesitas que ningún hombre te haga feliz; solamente me necesitas a mí". Pero rechacé escuchar la bondadosa voz del Señor.

Finalmente, conocí a un hombre maravilloso y me casé con él. Ahora la vida seguramente sería buena. Durante el primer año de matrimonio salieron a relucir los aspectos más desagradables de ambos. Me di cuenta que mi vicio estaba siendo un estorbo para mi marido, quien era un alcohólico y le pedí al Señor que me diese fuerza para dejarlo. A pesar de mis malas elecciones y rebeliones, sentí que su amor me había guardado. Sentí que él me decía que si me concentraba solamente en él, si me resguardaba en él como mi todo, él se ocuparía de mi marido.

Hallé una pequeña iglesia con un pastor maravilloso. Hasta mi marido me acompañó gustosamente en algunas ocasiones. La esposa del pastor llegó a ser mi amiga y maestra. Un día, me di cuenta que mi marido había cambiado; era más amable y estaba más tranquilo. Cuando le pregunté al respecto, me dijo que unas semanas atrás había recibido a Cristo en nuestra iglesia. Una noche lo escuché orando, pidiéndole a Dios que lo liberase del alcoholismo. El Señor lo hizo.

Por ese entonces, yo asistí a una conferencia de "Libertad en Cristo" y oré con una amiga a través de los *Pasos hacia la libertad* ¡Qué revelación! ¡Qué encuentro! el perdonar a mi padre de corazón me ayudó a ver cómo es en verdad mi Padre celestial. Ya no estoy atada a mi pasado. Mi identidad ahora está en Cristo, y en él estoy completa. He sido elegida en Cristo desde antes de la fundación del mundo para ser santa y sin culpa. Diariamente me pongo la armadura de Dios y alabo a aquel que por su gracia me permite ser quien soy.

Quizás, como esta querida joven, hayas pasado por varias experiencias en busca de realización y plenitud. Espero que veas que ninguna cosa material ni ninguna persona puede llenar tu vacío interior. Has sido creado para estar en comunión con Dios, en una unión íntima de tu alma, y solamente encontrarás descanso y propósito en tu vida cuando dependas totalmente de él.

Pablo dice en Efesios 5:18-19: "No os embriaguéis con vino, en lo cual hay disolución; antes bien, sed llenos del Espíritu, hablando entre vosotros con salmos, con himnos y cánticos espirituales, cantando y alabando al Señor en vuestros corazones". Si dejásemos que nuestro ser se llenase solamente con el Espíritu del Señor andaríamos gozosos por el camino de la vida cumpliendo nuestro propósito. No importa donde me encuentre en mi proceso de madurez, solamente podré cumplir con las cosas de mi vida si lo hago bajo el poder del Espíritu Santo. Solamente en Cristo estoy completo.

Cuando naciste de nuevo, eras como una pequeña cortadora de césped. Podías realizar una tarea necesaria y cumplir con el propósito. Pero tu meta es llegar a ser un gran tractor y realizar tareas más grandes. Mientras maduras, recuerda que tanto el pequeño motor de la cortadora como el gran motor del tractor necesitan combustible para realizar la tarea para la cual han sido fabricados. Solamente podemos cumplir nuestro propósito cuando somos llenos con el Espíritu Santo. Nuestra meta en el discipulado es trabajar para que cada uno pueda presentarse "perfecto" (completo o realizado) en Cristo (ver Colosenses 1:28). De acuerdo con Colosenses 2:10, ya estamos completos en Cristo; *sin él somos incompletos.*

La misericordiosa provisión de Dios y su ofrecimiento para todos los cristianos es que tengan la completa seguridad que están *ahora mismo* completos en Cristo. En Colosenses 1:27-29, Pablo dice: "A quienes Dios quiso dar a conocer las riquezas de la gloria de este misterio entre los gentiles; que es Cristo en vosotros, la esperanza de gloria, a quien anunciamos, amonestando a todo hombre, y enseñando a todo hombre en toda sabiduría, a fin de presentar perfecto en Cristo Jesús a todo hombre; para lo cual también trabajo, luchando según la potencia de él, la cual actúa poderosamente en mí".

La mentira a rechazar:

Rechazo la mentira que puedo estar completo buscando mis propios propósitos en la vida.

La verdad a aceptar:

Acepto la verdad que estoy completo en Cristo.

Oración para hoy:

Querido Padre celestial: Gracias por tu amor y por hacerme tomar conciencia de que sin ti estoy incompleto. Te agradezco por estar completo en Cristo. Tomo la decisión de no buscar más mis propios propósitos en la vida independientemente de ti. No depositaré la confianza en mis propias habilidades. Declaro que dependo de ti y buscaré mi realización pidiéndote que me llenes con tu Espíritu Santo. Renuncio a cada ocasión en que busqué poder y realización de otras fuentes fuera de ti. Decido ser fuerte en ti, Señor, y en el poder de tu fuerza. Oro en el precioso nombre de Jesús. Amén.

Día 27

Por lo demás, hermanos míos, fortaleceos en el Señor y en el poder de su fuerza. Vestíos de toda la armadura de Dios, para que podáis estar firmes contra las asechanzas del diablo. Porque no tenemos lucha contra sangre y carne, sino contra principados, contra potestades, contra los gobernadores de las tinieblas de este siglo, contra huestes espirituales de maldad en las regiones celestes.

Efesios 6:10-12

Fuerzas espirituales del mal. Eso suena bastante terrible ¿no? A veces nos apabulla el ver el trabajo destructivo del enemigo. Permíteme compartir contigo algunas estadísticas que creo muestran cuán poderosos y malignos son los poderes de las tinieblas.

Cada veinticuatro horas...

2.989   niños sufren el divorcio de sus padres.
2.556   niños nacen fuera del matrimonio.

1.629 niños son puestos en cárceles de adultos
3.288 niños se escapan de sus casas
1.849 niños son víctimas de negligencia o malos tratos
1.512 adolescentes abandonan el colegio
  437 niños son arrestados por manejar en estado de ebriedad
  211 niños son detenidos por consumo de drogas
2.795 adolescentes quedan embarazadas
7.742 adolescentes tienen relaciones sexuales
1.106 adolescentes dan a luz
  372 adolescentes pierden el embarazo
  623 adolescentes contraen sífilis o gonorrea
    6 adolescentes se suicidan[1]

El enemigo es real y activo, él ha venido a robar, matar y destruir. Pero Jesús vino para traer vida, y vida en abundancia. A veces, cuando leemos estadísticas como la anterior, decimos: "De qué sirve tratar de vivir la vida cristiana ¡es imposible en un mundo como este!" Sin Cristo y su armadura sería imposible, pero con Cristo todas las cosas son posibles (ver Efesios 6:11-18) Ahora ¿dónde comienzas? ¡Comienzas con tu sistema de creencias! Un saludable caminar cristiano es el resultado de un sistema de creencias saludable, y no a la inversa. Por ejemplo, la Biblia nos dice que nos paremos firmes "contra las asechanzas del diablo". Pero cómo estaremos firmes si no entendemos que Dios ya nos ha levantado con Cristo y nos ha sentado victoriosos con él en los lugares celestiales (Efesios 2:4-6). Si lo que creemos acerca de Dios y nuestra posición es inestable, entonces, nuestro comportamiento diario será inestable. Pero cuando nuestra creencia y nuestra relación con Dios está basada en que lo que él dice es cierto, tendremos pocos problemas en llevar a cabo los aspectos prácticos del diario vivir cristiano. *Podemos* cambiar las estadísticas citadas, pero debemos comenzar creyendo la verdad.

En una época histórica, los humanos creían que la tierra era plana. Con esa creencia ¿cómo te imaginas que los navegantes se sentirían al pensar en cruzar el océano? Como creían que la tierra era plana, llegaron a la conclusión que si navegaban lo suficientemente lejos, se caerían de la faz de la tierra.

Sus temores no tenían nada que ver con la realidad, pero hasta que alguien navegara cruzando el océano y probara que la tierra era redonda, todos se mantendrían pegados al viejo sistema de creencias.

Sabemos que podemos pararnos firmes contra las asechanzas del diablo porque Jesús 1) ya ha derrotado al diablo en la cruz, y 2) ganó la victoria final al resucitar y ascender a los cielos. Eso es un hecho. Pero ¿qué pasa si equivocadamente creyeras que Satanás todavía es lo suficientemente fuerte para derrotarte? Probablemente, como aquellos navegantes de la antigüedad, estarías temeroso y angustiado.

Examina tus creencias. ¿Están en línea con la palabra de Dios? ¿O, como los navegantes de la antigüedad, necesitas salir a explorar? Recuerda, en la medida que creas que Dios es tu Padre amante y tú eres su hijo, tu fe te dará la tranquila seguridad del amor incondicional de Dios y su aceptación. Si no aceptas esa verdad, pelearás para ganar una aceptación que ya es tuya en Cristo.

Cada vez que voy (Dave) a la playa, inevitablemente veo a alguien con un detector metálico peinando la arena, tratando de encontrar monedas perdidas o alhajas. El zumbido característico que produce el detector hace que la gente se dé vuelta para ver qué encontró aquella persona. ¿No sería grandioso si Dios nos diese un detector de la verdad, una alarma que sonara dentro de nuestras cabezas, diciendo: "¡Eso es mentira!" o "¡Ya lo tienes, eso es verdad!"

Bueno cuentas con todo el equipo que necesitas para cambiar tus creencias y alinearlas con la verdad de Dios. La Biblia y el Espíritu Santo son capaces de exponer a la luz cualquier mentira oculta en tu sistema de creencias, y de conducirte a toda verdad. Juan 14:16-17 dice: "Yo rogaré al Padre y os dará otro Consolador, para que esté con vosotros para siempre; el Espíritu de verdad, el cual el mundo no puede recibir, porque no lo ve, ni le conoce; pero vosotros le conocéis, porque mora con vosotros, y estará en vosotros".

Sí contamos con un detector de la verdad dentro de nosotros -Dios, Espíritu Santo- y él nos ha prometido no abandonarnos jamás. Él siempre estará presente para guiarnos a toda verdad.

Tómate algún tiempo ahora mismo para preguntarte si hay algún área en tu vida con la que estés luchando en tu andar por fe.

¿En qué mentira o engaño estás creyendo? ¿Qué verdad bíblica es necesaria para reemplazar esa mentira?

La mentira a rechazar:

Rechazo la mentira de que puedo vivir mi vida cristiana sin Dios y su verdad.

La verdad a aceptar:

Acepto la verdad que la Palabra de Dios es infalible y que lo que dice de mí es verdad.

Oración para hoy:

Querido Padre celestial: Gracias por tu Palabra, la Biblia, y por el Espíritu Santo que siempre me conduce a toda verdad. Sé que mis creencia deben reflejar lo que dice tu Palabra o, de lo contrario, me costará mucho vivir de acuerdo a mi fe. Gracias por decir siempre la verdad y por darme tu verdad de manera comprensible. Sé que cuando decido creer lo que dices en tu Palabra, mi vida se llena de paz, aun en tiempos difíciles. Ayúdame a mantenerme en tu Palabra. En el nombre de Jesús. Amén.

Día 28

Andad en el Espíritu, y no satisfagáis los deseos de la carne. Porque el deseo de la carne es contra el Espíritu, y el del Espíritu es contra la carne; y estos se oponen entre sí, para que no hagáis lo que quisiereis. Pero si sois guiados por el Espíritu, no estáis bajo la ley.

Gálatas 5:16-18

Puede que hayas leído la última frase de Gálatas 5:18: "No estáis bajo la ley" y hayas exclamado: -¡Ehh! ¡Soy libre! ¡Andar en el Espíritu significa hacer todo lo que quiero!

En absoluto. Eso es "libertinaje", algo totalmente negligente en relación a la amorosa guía de Dios. Ser guiado por el Espíritu significa que eres libre de hacer lo correcto y vivir con responsabilidad, algo que no podías hacer cuando estabas esclavizado a la carne.

Soren Kierkegaard escribió una historia acerca de un pato salvaje que volaba hacia el norte y, en su camino, se posó en un granero. Disfrutó del maíz y el agua fresca, por lo que decidió quedarse allí una hora. Aquel lugar era tan extraordinario, que decidió quedarse un día, luego, una semana, y finalmente, un mes. Al finalizar ese tiempo, pensó en volar de nuevo para unirse a sus amigos, pero le gustaba la seguridad del granero y la abundante comida. Por lo que decidió quedarse allí todo el verano.

Un día de otoño, escuchó a sus amigos que volaban hacia el sur. Eso lo conmovió placenteramente y con mucho entusiasmo agitó sus alas y se elevó para reunirse a ellos. Pero se dio cuenta que no podía elevarse más alto que el granero. Se dijo a sí mismo: Aquí estoy satisfecho. Tengo comida suficiente y aquí se la pasa uno bien. ¿Para qué me voy a ir?

Y se quedó a pasar el invierno. En la primavera, cuando los patos salvajes emigraban al norte, sintió el llamado, pero ni siquiera intentó volar para reunirse con ellos. Y cuando ellos regresaron en el otoño, el pato ni siquiera se dio cuenta. Ya no había emoción en su corazón. Sencillamente, siguió comiendo el maíz que lo había engordado.[2]

Como el pato salvaje, muchos jóvenes cristianos renuncian a su libertad en Cristo para disfrutar los placeres temporales del mundo, para terminar dándose cuenta que están atados a ellos. Los placeres del mundo son reales, emocionantes y tentadores, pero cuestan muy caro. ¿Cuánto vale tu libertad? ¿Qué estarías dispuesto a cambiar por tu relación con Cristo? ¡Espero que, nada!

Jesús nos ofrece la libertad de andar en el Espíritu y seguirlo. Verdaderamente, no hay mayor gozo y paz que la de saber que estás andando en el Espíritu y siguiéndolo a él. Andar en el Espíritu es el proceso de ir conociendo a Dios, aprendiendo a confiar en él mientras él te ayuda a crecer como persona espiritual. No podemos ser perezosos en la vida, esperando tener una vida victoriosa sobre la carne y el pecado. Tenemos que conocer a Dios y saber quienes somos como hijos suyos. Piensa un momento. ¿Cuán bien conoces a Dios, y no sólo los hechos de Dios? ¿Cómo te relacionas con él? Como respondas a esta pregunta determinará cómo es tu andar en el Espíritu.

¿Cómo sabes si estás siendo guiado por el Espíritu o por la carne? ¿Cuál es el fruto del Espíritu? ¿Te viene a la mente algún versículo, o versículos, en particular? Si te das cuenta que has seguido el impulso de la carne en vez de seguir al Espíritu, reconócelo y corrígelo. Tómate un tiempo ahora mismo para pedirle a Dios que te revele cualquier área a la que debas renunciar. Cuando confiesas una falla y renuncias a ella, el amor restaurador de Dios te coloca en un lugar donde puedes volver a crecer espiritualmente y ser libre.

La mentira a rechazar:

Rechazo la mentira que el mundo, la carne o el diablo pueden impedir que camine en el Espíritu.

La verdad a aceptar:

Acepto la verdad que puedo manifestar el fruto completo del Espíritu porque Jesús me ha dado su vida y el Espíritu Santo vive en mí.

Oración para hoy:

Querido Padre celestial: Gracias por enviar a tu Hijo como Salvador y Pastor. Gracias por tu perdón cuando titubeo y caigo. Padre, enséñame cómo andar en el Espíritu y no ceder a los deseos pecaminosos de la carne. Quiero ser más sensible a ti. Tu amor y tu gracia hacia mí son asombrosos. Quiero disfrutar de una relación aun más rica contigo por lo que decido andar de acuerdo a tu Espíritu. Oro en el nombre de Jesús. Amén.

Día 29

No que seamos competentes por nosotros mismos para pensar algo como de nosotros mismos, sino que nuestra competencia proviene de Dios, el cual asimismo nos hizo ministros competentes de un nuevo pacto, no de la letra, sino del espíritu; porque la letra mata, mas el espíritu vivifica.

2 Corintios 3:5-6.

En una ocasión me invitaron (Neil) a hablar en una clase de religión. Al finalizar mi disertación, un estudiante de aspecto atlético levantó la mano y me preguntó: –¿Hay muchos "no" en su iglesia?

-¿Te refieres a si tenemos alguna libertad?

Asintió con la cabeza. -Seguro, tengo libertad para hacer lo que quiero. Puedo robar un banco, pero por hacerlo estaría atado el resto de mi vida. Tendría que encubrir mi crimen, esconderme, o pagar por lo hecho. También tengo libertad para decir mentiras. Pero, si lo hago, tengo que continuar diciéndolas y tengo que acordarme lo que dije y a quién se lo dije o me atraparán. Tengo libertad de drogarme, de emborracharme y llevar una vida inmoral. Todas esas "libertades" me llevan a la esclavitud. Tengo la libertad de hacer esas elecciones, pero, considerando las consecuencias, ¿sería realmente libre?

Lo que aparenta ser libertad para algunas personas, no es, verdaderamente, libertad, sino un retorno a la esclavitud. Gálatas 5:1 nos recuerda: "Estad, pues, firmes, en la libertad con que Cristo nos hizo libres, y no estéis otra vez sujetos al yugo de la esclavitud".

Las leyes de Dios no son para amarrarte y estrangularte sino para protegerte. Tu auténtica libertad está en tu habilidad de elegir vivir correctamente dentro de la protectora guía que Dios nos ha dado.

Andar en el Espíritu no es sólo obedecer unas cuantas reglas. Tratar de hacerme espiritual obedeciendo cada una de las normas cristianas resultaría en un fracaso. 2 Corintios 3:6 declara: "El cual asimismo nos hizo ministros competentes de un nuevo pacto, no de la letra, sino del espíritu; porque la letra mata, mas el espíritu vivifica".

El hacer que una persona cumpla con la ley diciéndole que está mal que haga esto o aquello, no le da a esa persona el poder para dejar de hacerlo. Romanos 7:5 dice: "Porque mientras estábamos en la carne, las pasiones pecaminosas que eran por la ley obraban en nuestros miembros llevando fruto para muerte".

Tú no puedes desarrollar un espíritu completo haciendo cosas buenas. Hacer tareas cristianas, tales como estudiar la

Biblia, orar y testificar no es igual a madurez espiritual. Mientras que estas actividades son buenas y esenciales para el crecimiento espiritual, no son ninguna garantía de un caminar completo en el Espíritu. No eres completo en el Espíritu obedeciendo la ley, llegas a ser completo en el Espíritu para poder obedecer la ley.

¿Esto significa que puedes ignorar las normas de comportamiento de la Biblia? Por supuesto que no. La ley de Dios es una necesaria protección y guía para la vida. Dentro de la ley de Dios, somos libres para desarrollar una relación espiritual con Dios.

¿Puedes pensar en algún ejemplo de tu vida o en la vida de algún amigo cuando descubriste algún acto de aparente libertad que, en cambio, te llevó a la esclavitud?

Puede que hayas sido víctima del legalismo, ya sea impuesto por ti mismo o por otras personas. Pero el andar en el Espíritu no es legalismo, eso es, obediencia a una cantidad de reglas.

La mentira a rechazar:

Rechazo la mentira que la ley puede darme la vida que necesito. Rechazo el legalismo. También rechazo la mentira que dice que la guía de Dios no es válida.

La verdad a aceptar:

Acepto la verdad que Cristo cumple la ley y que, en Cristo, puedo hacer la voluntad de mi Padre y obedecer su amorosa guía para mi vida y ministerio por el poder de su Espíritu Santo.

Oración para hoy:

Querido Padre celestial: Gracias por tus patrones protectores y tu guía. Dentro de tu ley, yo sé que soy libre de desarrollar una relación íntima contigo. Sé que con sólo hacer actividades no tengo garantizada esa relación. Acepto la verdad que en Jesús se cumplió la ley y, como estoy en Cristo, tengo el poder de obedecerte y hacer tu voluntad para mi vida. Por favor, lléname con tu Espíritu Santo ya que no quiero seguir los deseos de la carne. Amén.

Día 30

Venid a mí todos los que estáis trabajados y cargados, y yo os haré descansar. Llevad mi yugo sobre vosotros y aprended de mí que soy manso y humilde de corazón; y hallaréis descanso para vuestras almas; porque mi yugo es fácil y ligera mi carga.

Mateo 11:28-30

Andar en el Espíritu no es ni una licencia (hacer lo que quieras) ni legalismo (reglas estrictas y regulaciones) sino libertad, la libertad de ser lo que realmente somos en Cristo: Hijos de Dios amados y aceptados (ver 2 Corintios 3:6-17).

Tu libertad en Cristo es uno de los regalos más preciosos que Dios te da. Debido a ello, puedes elegir andar de acuerdo al Espíritu. Pero las ataduras te llevan a andar conforme a la carne.

Andar en el Espíritu no implica holgazanería de tu parte. La holgazanería –poner la mente en neutro y vagar a la deriva– es una de las cosas más peligrosas y dañinas para tu crecimiento espiritual. Muchos de los adolescentes con quienes he hablado (Dave) están tomando clases en el colegio en las que les enseñan a poner la mente en blanco, a despejarla. Pero eso es peligroso. Cuando pones la mente en blanco, te abres a la influencia demoníaca. En ninguna parte de la Biblia dice que Dios quiere pasar nuestra mente por alto. En ninguna parte Dios nos pide que dejemos la mente despejada, que la pongamos en blanco. Es más, la frase "piensa en estas cosas" aparece con frecuencia.

Mucha gente cree, equivocadamente, que cuanto más trabajen para Dios, más espirituales se volverán. Esa es una mentira del enemigo. La vida llena en el Espíritu no se logra por medio de interminables y exhaustivas actividades. Satanás sabe que él no puede frenarte en tu servicio a Dios haciéndote inmoral, pero, probablemente, pueda disminuir tu servicio manteniéndote ocupado. Gran cantidad de adolescentes están involucrados en tantas actividades que les queda muy poco tiempo para Dios. Dios quiere que desocupes tu horario para que le dediques más tiempo a él.

Lee Mateo 11:28-30 de nuevo. En ese pasaje se describe el propósito y la manera de un andar en el Espíritu. Así como dos bueyes caminan juntos bajo el mismo yugo, Jesús te invita a un descansado caminar con él. "¿Cómo puede ser descansado un yugo?", te preguntarás. Porque el yugo de Jesús es un yugo fácil. Como el buey líder que guía, Jesús camina a paso constante. Si tú caminas a su ritmo, tu carga será liviana. Si te acercas a la relación pasivamente, serás dolorosamente arrastrado porque Jesús sigue caminando. Si intentas caminar delante de Él o darte vuelta para ir en otra dirección, el yugo te apretará el cuello y tu existencia será desagradable. La clave para una vida descansada en la relación de yugo con Jesús es aprender de él y abrirte a su ternura y humildad. El cuadro del andar en el Espíritu junto a Jesús también nos ayuda a entender nuestro servicio a Dios. ¿Cuánto puedes hacer sin que Jesús tire de su lado del yugo? Nada. ¿Y cuánto se puede lograr sin ti en tu lado? Nada. Dios ha escogido trabajar en sociedad contigo para realizar su trabajo en el mundo.

Para ponerse el yugo fácil del que habla Jesús, tienes que quitarte todos los demás yugos. ¿Cuántos otros yugos te tienes que quitar para ponerte el yugo de Jesús.

Los granjeros siempre ponen dos animales de la misma clase bajo un mismo yugo. Nunca vas a poner un buey con una mula, porque uno de ellos se puede romper el cuello debido a la diferencia en la marcha. Tú estás unido al yugo de Jesús. Eso significa que eres como Jesús, eres de la misma clase. Recuerda que la llave para una relación descansada es aprender de él y aprender de su ternura y humildad. Con esa clase de yugo sentirás que es más fácil servir a Dios de lo que te habías imaginado.

¿Cuál es tu reacción al saber que eres de la misma clase que Jesús y estás unido a él bajo el mismo yugo?

La mentira a rechazar:

Rechazo la mentira que mi vida y mi ministerio tienen que ser una alocada carrera de actividades para tratar de complacer a Dios.

La verdad a aceptar:

Acepto la verdad que estoy unido al yugo con Jesús; que su yugo es fácil y que podré lograr lo que él quiere hacer si caminamos juntos.

Oración para hoy:

Querido Padre celestial: Gracias por mostrarme lo que es caminar en el Espíritu. Ayúdame a mantener el ritmo de Jesús mientras esté con él en el mismo yugo. Gracias por la vida espiritual que me has dado, porque estoy unido a ti y "en Cristo". Decido deshacerme de todos los demás yugos y ponerme el yugo que Cristo me da. Gracias, Señor, porque tu yugo es fácil y no una carga para mí y porque tú compartes este yugo conmigo. Oro en el nombre de Jesús. Amén.

Extras extremas

Escudriña la Palabra

Escribe lo que estos versículos dicen acerca de ti.

1 Corintios 6:19-20: _________________________________

2 Corintios 1:21: _________________________________

Efesios 1:13-14: _________________________________

2 Corintios 5:14-15: _________________________________

2 Corintios 5:21: _________________________________

Gálatas 2:20: _________________________________

Efesios 1:3-4: _________________________________

Abre tu mente

Memoriza Gálatas 2:20:

Con Cristo estoy juntamente crucificado y ya no vivo yo mas Cristo vive en mí; y lo que ahora vivo en la carne, lo vivo en la fe del Hijo de Dios, el cual me amó y se entregó a sí mismo por mí.

Exprésate

7

Órdenes ejecutivas

Poder en tu ministerio

Así, pues, nosotros, como colaboradores suyos, os exhortamos también a que no recibáis en vano la gracia de Dios. Porque dice: En tiempo aceptable te he oído, y en día de salvación te he socorrido. He aquí ahora el tiempo aceptable; he aquí ahora el día de salvación.

2 Corintios 6:1-2

Yo (Neil) he servido al Señor como "profe" en el seminario durante 10 años, ayudando a equipar a los colaboradores de Dios. El sistema educacional siempre me ha frustrado porque le dedica muy poco tiempo a la enseñanza a la manera de Jesús, con ejemplos. Él caminaba con sus discípulos durante el transcurso normal de la vida. La mejor enseñanza es la que se realiza en el contexto de una relación seria. Afortunadamente, sí he tenido la oportunidad de estar cerca de algunos pocos estudiantes. Uno de ellos fue Stu quien se inscribió en un curso de verano que yo enseñaba, pero nunca apareció. Cuando lo vi, al comenzar el semestre de otoño, le pregunté sobre su ausencia.

–¿Podemos hablar? –me preguntó, apretando los párpados para evitar las lágrimas–. Estuve en el hospital durante el verano y me diagnosticaron cáncer. Me dijeron que tengo entre seis meses y dos años de vida.

Me pidió que no hablase de su enfermedad con nadie, contándome que ni en su iglesia lo sabían.

Un mes después, me preguntó si yo creía en las profecías. "Hace diez años, un hombre se puso en pie en nuestra congregación y me dijo que yo iba a tener un ministerio significativo. Pero no he tenido un ministerio significativo, por lo menos, no hasta ahora. ¿Eso significa que me voy a sanar? He llevado a Cristo a algunos cientos de personas, pero no he tenido ningún ministerio significativo en mi pequeña iglesia".

Estaba pasmado. -¡Stu! -exclamé- ¡has conducido a Cristo a cientos de personas! ¡Eso es muy significativo! Sé de algunas personas de renombre que ni remotamente se acercan a eso.

La próxima primavera, me detuvo en el pasillo y me dijo que estaba perdiendo peso y que sabía que no era gordura lo que estaba perdiendo. Pensaba que se estaba muriendo. Le dije que tenía que compartir eso en nuestra clase, que Dios no pretendía que caminásemos solos en nuestras tribulaciones. Esa tarde compartió sus novedades, en lo que yo llamaría la experiencia más increíble de mis dos horas de clase. Manifestó su dolor y su frustración por tener que dejar sola a su esposa. De repente, el tema de la vida y la muerte y nuestro trabajo para el Señor se hizo real para todos nosotros.

Él dijo: "Todo lo que deseo es graduarme en esta primavera, nadie en mi familia ha llegado a ser algo."

Nos reunimos a su alrededor para orar y él agregó: "Me había olvidado totalmente de aquella profecía, pero le he dicho a cada uno de mis amigos pastores ¿sabes lo que me dijo el doctor Anderson? Me dijo que hay gente de renombre que no puede decir que haya llevado a los pies de Cristo la cantidad de gente que yo he llevado."

La graduación más significativa a la que yo jamás haya asistido fue aquella primavera cuando Stu fue caminando a recibir su diploma.

Yo me encontraba en Filadelfia dos años después, cuando me llamó mi esposa para comunicarme que Stu había muerto; él me había pedido que condujese su funeral. Ahora él está con el Señor y pasará la eternidad junto a los cientos de personas que ha llevado a Cristo, y sólo el Señor sabe a cuántos otros más esos cientos han tocado en la continuidad del trabajo en colaboración con Dios. ¡Eso es significativo!

Tal vez, tú creas que eres demasiado joven o que no sabes lo suficiente de la Biblia como para llevar a cabo un ministerio efectivo. Tal vez tu área de influencia sea pequeña. Bueno, la edad, el conocimiento de la Palabra de Dios y la influencia son cosas importantes, pero presta atención a lo que dice 2 Corintios 6:2: "Ahora es el tiempo aceptable". Recibirás la gracia de ser lo que él te ha llamado a ser. No te alarmes por el tamaño de tu ministerio; la medida no determina la significancia ante los ojos de Dios. Tu significancia se halla en ser colaborador de Dios. Cada uno de nosotros tiene el insondable privilegio de ser colaborador de nuestro Señor. Dios nos ha extendido la oportunidad de participar con él en su trabajo de redención aquí en la tierra.

Trabajar con Cristo, hacer lo que él quiere que hagas, es lo que determinará tu perdurable influencia y, por ende, tu significancia. Estudia la Palabra de Dios y él te dará la sabiduría que necesitas para llevar a cabo el ministerio para el cual has sido llamado. Pídele a Dios que haga lo que deba hacer para que seas el más efectivo de sus colaboradores.

¿Alguna vez has pensado que tu ministerio es insignificante? ¿Por qué sí o por qué no?

Declara en voz alta lo siguiente:

La mentira a rechazar:

Rechazo la mentira que soy insignificante y no puedo tener un ministerio.

La verdad a aceptar:

Acepto la verdad que en Cristo soy significativo y soy un colaborador de Dios.

Oración para hoy:

Querido Padre celestial: Me regocijo por ser tu colaborador. Acepto gustosamente cualquier tarea que me asignes, sabiendo que solamente estaré realizado estando en tu voluntad. Perdóname por las veces que busqué destacarme con posiciones temporales y mostré insatisfacción con mi actual ministerio. Renuncio a las mentiras de Satanás que dicen que tu gracia no es suficiente, o que tú no me guardas en los tiempos difíciles. Cuando escuche las acusadoras mentiras de Satanás "¿dónde está tu Dios?" declararé que estás conmigo y estarás siempre conmigo. Señor, no quiero aparentar contigo; si lo que estoy haciendo ahora en mi ministerio es solamente una idea mía o lo estoy haciendo a mi manera, revélamelo. Soy un colaborador tuyo, tú no eres mío. Quiero ser bendecido por tu ministerio. Ahora mismo someto mi ministerio a ti y declaro que tú eres la cabeza del mismo. Todo esto te lo pido en el precioso nombre de Jesús. Amén.

Día 32

De modo que si alguno está en Cristo nueva criatura es; las cosas viejas pasaron; he aquí todas son hechas nuevas. Y todo esto proviene de Dios, quien nos reconcilió consigo mismo por Cristo y nos dio el ministerio de la reconciliación; que Dios estaba en Cristo reconciliando al mundo, no tomándoles en cuenta a los hombres sus pecados, y nos entregó a nosotros la palabra de la reconciliación. Así que, somos embajadores en nombre de Cristo, como si Dios rogase por medio de nosotros; os rogamos en nombre de Cristo: Reconciliaos con Dios.

2 Corintios 5:17-20

Debido a que *tú* eres una "nueva creación" en Cristo, *tú* tienes el ministerio de la reconciliación. *Tú* eres el puente entre la humanidad caída y el Dios redentor. Nadie puede alcanzar tu escuela, tu vecindario y a tus amigos como tú. Hemos sido llamados a ser pacificadores. "Bienaventurados los pacificadores, porque ellos serán llamados hijos de Dios" (Mateo 5:9). Puede que a tu grupo haya venido alguien que cause problemas. Esta persona parece tener la habilidad de poder dividir a todo el grupo de jóvenes, y en menos de una hora. Cualquier tonto puede dividir un grupo de jóvenes; se necesita la gracia de Dios para la unidad. Un papanatas puede destacar los defectos de carácter de alguien; se necesita la perspectiva de Dios para ver sus cosas buenas. Muchos jóvenes denigran a otros. "Es una broma", dicen, pero ¿cómo pueden justificar su conducta cuando la base del Nuevo Testamento es restaurar una humanidad caída, alentarla a edificarse los unos a los otros?

Si dejamos de andar en el Espíritu, se hacen evidentes las acciones de la carne. Gálatas 5:19 señala claramente cuáles son esas acciones. Pero las acciones de la carne son sólo la evidencia. Tratar de corregir el síntoma es intentar *arreglar* la carne cuando se supone que debemos *crucificarla* (ver Gálatas 5:24)

Es como si te preguntaran: "¿Qué progresos has visto en tu nueva naturaleza desde que has venido a Cristo?" No puedes progresar en aquello que está en oposición a Dios; solamente puedes rendir su inoperancia (muerte) y vencerla caminando de acuerdo al Espíritu.

Si podemos ver lo bueno de la gente seremos mucho más efectivos en nuestro ministerio de reconciliación. Cuando veamos a nuestros amigos haciendo algo bueno, debemos elogiarlos por ello: "Ninguna palabra corrompida salga de vuestra boca, sino la que sea buena para la necesaria edificación, a fin de dar gracia a los oyentes"

(Efesios 4:29). Si memorizásemos y pusiésemos en práctica este versículo, muchos de los problemas en casa y en la iglesia desaparecerían de la noche a la mañana. El versículo 30 dice: "Y no contristéis al Espíritu Santo de Dios, con el cual fuisteis sellados para el día de la redención". A Dios le duele cuando nos agredimos unos a otros. El éxito de nuestro ministerio de reconciliación está directamente relacionado con la manera en que usemos la lengua: O los edificamos o los destruimos.

El único Cristo que la gente ve puede que sea el que ve en nosotros. Jesús dijo: "En esto conocerán todos que sois mis discípulos: Si tuviéreis amor los unos con los otros" (Juan 13:35).

En una ocasión escuché la historia de un ejecutivo ansioso que iba corriendo para alcanzar su vuelo. En su carrera por la terminal, se llevó por delante a una niñita tirándola al suelo con todos sus paquetes. Por un instante, pensó sólo en el avión que tenía que alcanzar. Luchando con la tentación de seguir, se detuvo y se disculpó. Ayudó a la niña a levantarse y se aseguró que estuviese bien. Ella se sintió abrumada por su atención y cuidado. Mirándolo a la cara le preguntó: "¿Eres Jesús?" ¡Qué embajador!

Al leer los evangelios vemos que a los pecadores les gustaba estar cerca de Jesús y que él batallaba con los hipócritas. Hoy en día escuchamos con frecuencia la crítica que las iglesias están llenas de hipócritas, y por eso, la gente se aparta. Esto no es totalmente cierto, pero sí lo suficiente como para que examinemos nuestro corazón. No podemos ser a la vez embajadores de Cristo e hipócritas; no veremos a los pecadores reconciliándose con Dios mientras continuemos señalándoles su pecado. Debemos trabajar con la causa y no con el síntoma. Digamos la verdad en amor y seamos conocidos por nuestro ministerio de reconciliación.

Di en voz alta la siguiente declaración:

La mentira a rechazar:

Rechazo la mentira de Satanás que nunca podré ser un embajador de Cristo o tener un ministerio de reconciliación.

La verdad a aceptar:

Acepto la verdad que en Cristo soy embajador de Dios y que he sido llamado a ser embajador a causa de su presencia en mi vida.

Oración para hoy:

Querido Padre celestial: Te agradezco por enviar a Jesús para que ocupase mi lugar y yo recibiese la salvación. Gracias por hacerme una nueva criatura en Cristo. Quiero ser un buen embajador tuyo. Rechazo las mentiras de Satanás que no soy digno o no estoy calificado para representarte. Soy digno porque tu presencia está en mi vida. Enséñame a ver a la gente como tú la ves. Guarda mi boca, para que la use solamente para la edificación. Perdóname por las veces en que usé mi boca para lastimar en vez de sanar. Quiero tener un ministerio de reconciliación para que otras personas puedan reconciliarse contigo como yo lo he hecho. Te lo pido en el precioso nombre de Jesús. Amén.

Día 33

Ninguna palabra corrompida salga de vuestra boca, sino la que sea buena para la necesaria edificación, a fin de dar gracia a los oyentes. Y no contristéis al Espíritu Santo de Dios con el que fuisteis sellados para el día de la redención.

Efesios 4:29-30

Así como para ti es importante creer en tu auténtica identidad como hijo de Dios, es igualmente importante que veas a otros cristianos por lo que son y los trates bien. Con bastante frecuencia pensamos que estamos tratando bien a los demás, pero, en realidad, nos estamos engañando. Cuando estuve (Dave) en África, un joven llamado Daniel me preguntó si me podía comprar mis vaqueros. Había visto la rotura en la rodilla y pensaba que probablemente un estadounidense no los querría más en esas condiciones. Por supuesto que Daniel no sabía que los usamos así, y que si le hubiese roto la otra rodilla estaría más a la moda. Le dije que no tenía que comprarlos, que se los daría. Él comenzó a sollozar.

-Daniel ¿hice algo mal? -le pregunté-. ¿Te he ofendido?

-Oh, no -me contestó-. Tú no comprendes. Me hubiese llevado una semana entera reunir el dinero para comprarte esos pantalones. ¡Me has salvado una semana de trabajo!

Decidí darle también algunas otras prendas de vestir. Encontré algunas camisetas usadas y se las di. Algunos días después, me sentía complacido conmigo mismo. Después de todo, yo era una bondadosa y generosa persona dispuesta a dar mis cosas ¿verdad? ¡No! ¡Estaba engañado! Ese día estaba leyendo en Mateo 25, y el versículo 40 me golpeó fuertemente: "Y respondiendo el Rey les dirá: De cierto os digo que en cuanto lo hicisteis a uno de estos mis hermanos más pequeños, a mí lo hicisteis".

Le había dado a Jesús, mi Salvador y Señor, un par de pantalones agujereados y algunas camisetas usadas y me sentía bien. A Jesús le tendría que haber dado lo mejor de lo mejor; le tendría que haber dado un par de pantalones nuevos. Tú y yo debemos ver a los demás cristianos como hijos del excelso Dios y tratarlos de la misma manera en que tratamos a Jesús.

Cuando fallamos en ver a los cristianos como hijos de Dios, se nota en la manera en que les hablamos. Fácilmente podemos destruir a otros con nuestras palabras. ¡Y las palabras hieren! Una estadística demuestra que por cada afirmación positiva que recibes puedes recibir diez negativas. ¿Qué clase de declaraciones están escuchando los cristianos de ti? Debemos vernos a nosotros mismos y a los demás creyentes *como a Cristo* y tratarlos como si fuesen el mismo Jesús.

Cuando hables con tus amigos, y aun con aquellos que no te caen bien, recuerda: "Ninguna palabra corrompida salga de vuestra boca, sino la que sea buena para la necesaria edificación, a fin de dar gracia a los oyentes. Y no contristéis al

Espíritu Santo de Dios, con el cual fuisteis sellados para el día de la redención" (Efesios 4:29-30). Pon cuidado a tu testimonio. Al hablar bondadosa y amablemente, crecerá tu habilidad de testificar cada vez más.

¿Cómo te sientes cuando alguien te rebaja?

¿Por qué crees que es tan importante que edifiquemos y alentemos a los demás?

Tómate un tiempo para hacer una lista de aquellas personas a quienes puedes alentar. ¿Cómo puedes edificarlas?

Ahora haz una lista y dale gracias a Dios por la gente que te ha alentado a ti. Quizás debas llamar o escribir para agradecerles por su estímulo.

La mentira a rechazar:

Rechazo la mentira que debo vivir para mí mismo y que no puedo controlar lo que le digo a la gente.

La verdad a aceptar:

Acepto la verdad que cada cristiano está en Cristo y decido edificar a los demás con lo que digo y hago.

Oración para hoy:

Querido Padre celestial: Quiero seguir el ejemplo de Cristo y edificar a otros. Ayúdame a controlar las palabras de mi boca y mis pensamientos. Quiero alentar a otros creyentes en su caminar contigo. Sé que, así como yo soy un hijo especial para ti, también lo son los demás cristianos. Escojo amar a mis hermanos en Cristo. Señor, también te pido que aumentes mi testimonio. Ayúdame a llevar a la gente a ti y no apartarla de ti por lo que yo diga o haga. Oro en el nombre de Jesús. Amén.

Día 34

*Pero recibiréis poder, cuando haya venido sobre vo-
sotros el Espíritu Santo, y me seréis testigos en Jerusalén,
en toda Judea, en Samaria, y hasta lo último de la tierra*

Hechos 1:8.

"Me seréis testigos". ¿Qué es un testigo? Un testigo es alguien que ha visto, oído o vivido algo personalmente. El pequeño grupito de apóstoles había visto la resurrección de Jesús, pero todavía no había experimentado el poder que daría la nueva vida en Cristo. No era suficiente con haber visto al Maestro. Se les pidió que esperasen hasta que recibiesen poder de lo alto. Cuando en Pentecostés descendió el Espíritu Santo, fueron completos. Había nacido la iglesia y nada se le pondría delante, ni la religión establecida, ni el poder del gobierno romano, ni siquiera las puertas del infierno.

Históricamente, los testigos de la iglesia lo fueron primero en Jerusalén, luego se esparcieron por Judea y, actualmente, el evangelio es oído en todo el mundo. Nos estamos acercando rápidamente a la generación que verá el cumplimiento de Mateo 24:14: "Y será predicado este evangelio del reino en todo el mundo, para testimonio a todas las naciones; y entonces vendrá el fin".

Cada hijo de Dios tiene el privilegio de ser parte del plan eterno de Dios. Todos somos testigos personales del poder de Cristo dentro de nosotros. Entonces ¿por qué no somos más efectivos? La primera razón es la ignorancia. Muchos jóvenes están trabajando bajo la falsa impresión que la vida eterna es algo que logramos cuando nos morimos. Otros ignoran su herencia espiritual y el poder que ya poseen. Es por ello que Pablo ora en Efesios 1:18-19: "Alumbrando los ojos de vuestro entendimiento, para que sepáis cuál es la esperanza a que él os ha llamado, y cuáles las riquezas de la gloria de su herencia en los santos, y cuál la supereminente grandeza de su poder para con nosotros los que creemos, según la operación del poder de su fuerza". No tenemos testimonio cuando vivimos en la carne. Tratar que jóvenes cristianos derrotados compartan su fe es contraproducente. ¿De qué pueden testificar? ¡Solamente de su fracaso!

La segunda razón por la cual algunos jóvenes son testigos ineficientes es debido a su falta de enfoque; ponen demasiado énfasis en las cosas temporales y no en las relaciones eternas. Jesús dijo: "Mirad y guardaos de toda avaricia; porque la vida del hombre no consiste en la abundancia de los bienes que posee" (Lucas 12:15). Luego, les narró una parábola en la que un hombre había adquirido muchas riquezas y se dijo a sí mismo que podía reposar, comer, beber y regocijarse por muchos años (ver Lucas 12:19). "Pero Dios le dijo: Necio, esta noche vienen a pedirte tu alma; y lo que has provisto ¿de quién será? Así es el que hace para sí tesoro y no es rico para con Dios" (Lucas 12:20-21)

Con mucha frecuencia, el ser humano busca la felicidad y la comodidad sin pensar en su alma. ¿Qué darías a cambio de amor, gozo, paz, paciencia, bondad, benignidad, fe, amabilidad y dominio propio? ¿Un auto nuevo? La mentira de Satanás es que el nivel social, las posesiones materiales, la apariencia o alguna otra recompensa temporal proveniente de este mundo te brindará el gozo duradero que sólo Dios puede darte. Cambiar los deleites del alma por los placeres de las cosas es una muy mala elección.

La última razón por la que muchos jóvenes no son buenos testigos es que no comprenden la urgencia del evangelismo. ¿Dejarías de hacer lo que estás haciendo inmediatamente para avisarle a un niño con los ojos vendados que está yendo hacia el borde del precipicio? Diariamente, miles de pies no cristianos marchan hacia su muerte eterna; la pérdida de la vida eterna es mucho más grande que la pérdida de nuestra temporal vida física, que de todas maneras vamos a perder algún día.

Jesús apela a nuestra compasión cuando dice:

"¿Qué hombre de vosotros, teniendo cien ovejas, si pierde una de ellas, no deja las noventa y nueve en el desierto, y va tras la que se perdió, hasta encontrarla? Y cuando la encuentra, la pone sobre sus hombros gozoso; y al llegar a casa, reúne a sus amigos y vecinos, diciéndoles: Gozaos conmigo, porque he encontrado mi oveja que se había perdido. Os digo que así habrá más gozo en el cielo por un pecador que se arrepiente que por noventa y nueve justos que no necesitan de arrepentimiento" (Lucas 15:4-7).

Nada es más importante que la salvación de una persona y no tendremos mayor significación que la de ser testigos.

Recuerda las instrucciones de Pablo a Timoteo: "Pero tú sé sobrio en todo, soporta las aflicciones, haz obra de evangelista, cumple tu ministerio" (2 Timoteo 4:5)

¿Cómo evaluarías tu propia vida y testimonio?

La mentira a rechazar:

Rechazo la mentira que no soy capaz de testificar o compartir mi fe en Cristo.

La verdad a aceptar:

Acepto la verdad que he sido llamado por Cristo a testificar y soy capaz de compartir victoriosamente mi fe allí donde Cristo me llame a hacerlo.

Oración para hoy:

Querido Padre celestial: Qué privilegio es para mí ser un testigo personal del poder de la resurrección que está en mí. Perdóname por haber permitido que la sombra de algunas otras cosas empañase el valor de la oveja perdida. Y perdóname por colocar en mayor estima las cosas temporales que el valor de la vida misma. Confieso que algunas veces me he concentrado en la acumulación de tesoros en la tierra en vez de en los tesoros en los cielos. Quiero ser testigo de la vida de Cristo en mí. Rechazo las mentiras de Satanás que dicen que me falta poder o habilidad para ser un testigo creíble. Oro para que me capacites para ser libre en Cristo y que mi vida pueda ser un testimonio del poder de tu resurrección. Abre mis ojos para que vea los campos listos para la siega. Capacítame para ver las oportunidades diarias de testificar de tu gran amor y ser testimonio del mismo. Oro para no ser nunca piedra de tropiezo para aquellos que están ciegos al evangelio. Te pido todo esto en el maravilloso nombre de mi Señor Jesús. Amén.

Día 35

He aquí yo vengo pronto y mi galardón conmigo para recompensar a cada uno según sea su obra.

Apocalipsis 22:12

Pablo dijo: "¿No sabéis que los que corren en el estadio, todos a la verdad corren, pero uno solo se lleva el premio? Corred de tal manera que lo obtengáis" (1 Corintios 9:24)

Cuando estemos en el cielo, delante del tribunal de Cristo recibiremos nuestra recompensa, pero la libertad aquí y ahora también tiene su recompensa. El premio de la libertad es una gran recompensa. ¿Qué es más valioso que la paz? ¿Qué se puede comparar con el gozo interior de saber que estás radicalmente bien con Dios? El sentirte libre también te permite tomar las decisiones correctas. Cuando estás esclavizado a un pecado destructivo, no estás en condiciones de tomar decisiones adecuadas. Puede que tengas dificultades en comprender la Palabra de Dios o de oír su amable voz guiándote. Pero cuando eres libre, es fácil discernir la voluntad de Dios. Él desea las conversaciones íntimas. Él quiere guiarte en cada área de tu vida. Ningún asunto es demasiado grande o demasiado pequeño para Dios.

Vivir en libertad es vivir con recompensa porque estamos viviendo bajo la amorosa protección de Dios. Cuando pecamos y nos rebelamos contra Dios, nos salimos de su amorosa protección.

Pero cuando estamos libres de las ataduras del pecado, Dios también está libre para protegernos y bendecirnos. El Salmo 5:11 dice: "Alégrense todos los que en ti confían; den voces de júbilo para siempre, porque tú los defiendes; en ti se regocijen los que aman tu nombre". ¿Has visto la publicidad del conejo de las baterías EverReady? Él sigue, y sigue, y sigue. Este anuncio ilustra una verdad bíblica. ¿A qué se debe que este conejo tenga tanta duración? A que la fuente de su energía es fuerte y poderosa. El conejo tiene "las mejores baterías" dentro de él. Como el conejo, tú tienes la resistencia que necesitas en tu interior. Ahora estás en Cristo; el Espíritu Santo habita en ti. Al declarar tu dependencia de Dios, encontrarás que él te suple dándote el valor y la perdurabilidad que necesitas para mantenerte en libertad. Tu vida espiritual seguirá, y seguirá y seguirá. Y no sólo eso, seguirá creciendo y creciendo y creciendo.

> *Porque las cosas que se escribieron antes, para nuestra enseñanza se escribieron, a fin de que por la paciencia y la consolación de las Escrituras, tengamos esperanza. Pero el Dios de la paciencia y de la consolación os dé entre vosotros un mismo sentir según Cristo Jesús para que unánimes, a una voz, glorifiquéis al Dios y Padre de nuestro Señor Jesucristo.*
>
> Romanos 15:4-6

No basta con que te propongas intentarlo con ahínco o que decidas ser valiente. Dios es la fuente de nuestra valentía y resistencia. Él promete suplir estas cosas. El apóstol Pablo les recuerda a los colosenses creyentes que ellos pueden vivir una vida digna del Señor debido a que él les dará la fuerza. "Para que andéis como es digno del Señor, agradándole en todo, llevando fruto en toda buena obra y creciendo en el conocimiento de Dios; fortalecidos con todo poder, conforme a la potencia de su gloria, para toda paciencia y longanimidad" (Colosenses 1:10-11).

Ahora estamos libres para escapar del pecado y aferrarnos a lo que es recto, porque Dios nos ha dado vida eterna y una nueva posición en Cristo. "Mas tú, oh hombre de Dios, huye de estas cosas y sigue la justicia, la piedad, la fe, el amor, la paciencia, la mansedumbre. Pelea la buena batalla de la fe, echa mano de tu vida eterna, a la cual asimismo fuiste llamado, habiendo hecho la buena profesión delante de muchos testigos (1 Timoteo 6:11-12).

La Biblia está llena de ejemplos de resistencia. Después de Cristo, el apóstol Pablo sea, probablemente, a quien haya que admirar más por su resistencia. En su compromiso de hablarle a la gente acerca de Jesús, viajó por el mundo sufriendo naufragios, mordeduras de serpientes y fue repetidamente golpeado y apedreado a causa de su fe. Él no fue detrás de una carrera o una familia, siquiera. Se pasó años encadenado a un guarda romano en la prisión y más tarde, fue decapitado. Ya que las siguientes palabras provienen de Pablo, no son difíciles de aceptar.

> *¿No sabéis que los que corren en el estadio, todos a la verdad corren, pero uno solo se lleva el premio? Corred de tal manera que lo obtengáis. Todo aquel que lucha, de todo se abstiene; ellos, a la verdad, para recibir una corona corruptible, pero nosotros, una incorruptible. Así que, yo de esta manera corro, no como a la ventura; de esta manera peleo, no como quien golpea el aire, sino que golpeo mi cuerpo, y lo pongo en servidumbre, no sea que habiendo sido heraldo para otros, yo mismo venga a ser eliminado.*

1 Corintios 9:24:27

¿Qué tal es tu resistencia espiritual?

Si tuvieses que estar delante de Cristo ahora mismo ¿te daría alguna recompensa?

La mentira a rechazar:

Rechazo la mentira que no tengo resistencia y que no puedo mantenerme firme en Cristo durante los tiempos de tribulación y problemas.

La verdad a aceptar:

Acepto la verdad que he sido llamado por Cristo a correr una buena carrera y soy capaz de hacerlo por el poder del Espíritu Santo.

Oración para hoy:

Querido Padre celestial: Qué privilegio es saber que recibiré de ti una corona eterna. Señor, quiero tener muchas coronas para poner a tus pies. Señor, perdóname por todas las veces en que no corrí una buena carrera o que no centré mi mente en las cosas de Cristo. Confieso que muchas veces corrí mi propia carrera, preocupándome solamente en hacer las cosas a mi manera. Señor, quiero correr de tal forma que gane el premio. Quiero servirle al prójimo. Renuncio a las mentiras de Satanás que dicen que me falta el poder o la habilidad de ser un siervo amante. Te pido todas estas cosas en el maravilloso nombre de mi Señor Jesús. Amén.

Extras extremas

Escudriña la Palabra

Escribe lo que estos versículos dicen acerca de ti

Efesios 1:5: ____

Efesios 2:5-6: ____________________________________

Efesios 2:18: _____________________________________

Efesios 3:12: _____________________________________

Colosenses 1:13-14: ______________________________

Colosenses 1:27: __________________________________

Colosenses 2:7: ___________________________________

Abre tu mente

Memoriza Efesios 2:4-6:

Pero Dios, que es rico en misericordia, por su gran amor con que nos amó, aun estando nosotros muertos en pecado, nos dio vida juntamente con Cristo (por gracia sois salvos) y juntamente con él nos resucitó, y asimismo nos hizo sentar en los lugares celestiales con Cristo Jesús.

Exprésate

8
Más allá del límite
Acceso directo a Dios

Y vino y anunció las buenas nuevas de paz a vosotros que estabais lejos, y a los que estaban cerca; porque por medio de él los unos y los otros tenemos entrada por un mismo Espíritu al Padre.

Efesios 2:17-18

Cuando estaba terminando (Neil) mi entrenamiento en la Marina de los Estados Unidos, me mandaron a hacer guardia una noche junto con un oficial, un joven teniente que era bastante accesible. Teníamos mucho en común y pasamos una noche muy agradable conversando. Aun así, él representaba la autoridad máxima en la base y yo estaba allí para cumplir sus órdenes.

Durante las cuatro horas de mi guardia, aparecieron unos cuantos reclutas en su oficina, tanto por razones disciplinarias o con algún pedido. Cada uno de los que se acercaban tenía que formular una frase de rigor, de acuerdo al protocolo naval. Si lo hacía mal, tenía que volver a hacerlo. Con evidente temor, algunos tuvieron que repetirlo varias veces hasta hacerlo bien. Estaban intimidados por el teniente y esperaban que fuese misericordioso.

Cuando yo me presenté a cumplir mis obligaciones, también me acerqué ante su autoridad con cierto temor. De todos modos, enseguida me di cuenta que tenía el derecho de estar allí y que ese era el lugar más seguro de la base siempre y cuando tuviese una buena relación con el teniente. Mi seguridad dependía de mi obediencia y respeto a la autoridad allí representada. No iba a abusar de esa situación siendo irrespetuoso o desobediente. También me di cuenta que todos los demás reclutas se sentirían igualmente seguros y a resguardo si estuvieran dispuestos a humillarse a sí mismos y acercarse a él con el respeto que su posición demandaba.

Existe una sola manera de acercarse a Dios, a través de Jesús, quien dijo: "Yo soy el camino, la verdad y la vida. Nadie viene al Padre sino por mí" (Juan 14:6). Jesús es la puerta; él es el acceso por medio del cual tenemos el derecho de llegar al trono de gracia. Nuestro único derecho para estar allí es que el Señor Jesús derramó su sangre y nos dio su gracia.

El autor de Hebreos dice: "Acerquémonos, pues, confiadamente, al trono de la gracia, para alcanzar misericordia y hallar gracia para el oportuno socorro" (Hebreos 4:16). A esto se le agregan las palabras de Pablo: "En quien tenemos seguridad y acceso con confianza por medio de la fe en él" (Efesios 3:12). Tenemos el *derecho* de presentarnos delante de Dios porque estamos *en Cristo* y Cristo está sentado a la derecha de nuestro Padre celestial.

El abuso de poder y la posición ha dejado temerosa a mucha gente ante las figuras que representan autoridad. Los niños tienen miedo de acercarse a sus padres, y algunos jóvenes tienen miedo de confrontar a un pastor legalista. Y por lo tanto, la gente a menudo proyecta reacciones humanas ante la autoridad en su relación con Dios. Si no pueden enfrentar a la autoridad humana ¿cómo se acercarán a Dios?

Pero Dios no es así. Él es amor y el castigo que merecíamos fue impuesto sobre su único Hijo. Esto es lo que dice Juan en su primera epístola: "Dios es amor; y el que permanece en amor, permanece en Dios, y Dios en él. En esto se ha perfeccionado el amor en nosotros, para que tengamos confianza en el día del juicio; pues como él es, así somos nosotros en este mundo. En el amor no hay temor, sino que el perfecto amor echa fuera el temor; porque el temor lleva en sí castigo. De donde el que teme, no ha sido perfeccionado en el amor" (1 Juan 4:16-18).

El miedo a Dios no es un problema nuevo. En el Antiguo Testamento, el acceso a Dios estaba prohibido y la gente tenía miedo de su juicio. Solamente en el día de la expiación, únicamente el sumo sacerdote podía entrar al lugar santísimo, y esa era una experiencia asombrosa. Tenía que pasar por rigurosas ceremonias de limpieza para estar apto para entrar. Se le ataba una soga alrededor de la pierna y se le cosían campanitas en el ruedo de sus vestiduras, para que los que quedaban afuera supiesen que estaba con vida en la presencia de Dios. Si dejaban de escuchar las campanitas, tiraban de la soga para sacarlo.

Bajo el antiguo pacto, la entrada a la presencia de Dios estaba cerrada para el pueblo, porque la sangre de los animales sacrificados nunca podían cumplir completamente la expiación por los pecados del pueblo. Actualmente, los creyentes tenemos acceso al trono de gracia debido al perfecto sacrificio que ofreció el perfecto sumo sacerdote expiando los pecados una vez y para siempre. Cuando Jesús murió, el velo que separaba el Lugar Santo y el Lugar Santísimo fue "partido de arriba abajo" (Marcos 15:38). El velo simboliza el cuerpo de Cristo. Su cuerpo sufre y se parte para abrir el camino a la presencia divina.

El autor de Hebreos narra hermosamente esta entrada a la presencia de Dios preparada para nosotros por el Señor Jesucristo.

> *"Así que, hermanos, teniendo libertad para entrar en el Lugar Santísimo por la sangre de Jesucristo, por el camino nuevo y vivo que él nos abrió a través del velo, esto es, de su carne, y teniendo un gran sacerdote sobre la casa de Dios, acerquémonos con corazón sincero, en plena certidumbre de fe, purificados los corazones de mala conciencia, y lavados los cuerpos con agua pura. Mantengamos firme, sin fluctuar, la profesión de nuestra esperanza, porque fiel es el que prometió. Y considerémonos unos a otros para estimularnos al amor y a las buenas obras:*

> Hebreos 10:19-24

La mentira a rechazar:

Rechazo la mentira de Satanás que dice que Dios no me quiere y que yo no tengo ningún derecho de estar en su presencia.

La verdad a aceptar:

Acepto la verdad que puedo acercarme confiadamente al trono de Dios con un corazón limpio por la sangre de Jesús y encontrar misericordia y gracia en tiempo de necesidad.

Oración para hoy:

Querido Padre celestial: Tú eres santo y estás en completo control del universo y yo reconozco tu autoridad. Vengo delante de ti por la sangre derramada por el Señor Jesucristo. Reconozco que no tengo ningún otro derecho para estar delante de ti. Te honro como Señor de mi vida. Deposito mi confianza en ti y me comprometo a obedecerte. Debido a tu amor, ya no temo castigo alguno. En cambio, busco tu presencia como el único lugar de resguardo y seguridad. Renuncio a las mentiras de Satanás que dicen que tú no me amas o que no tengo ningún derecho a estar en tu presencia. Vengo a ti en libertad y con confianza, con un corazón sincero, con una fe firme. Oro en el nombre precioso de Jesús. Amén.

——————Día 37——————

En quien tenemos seguridad y acceso con confianza por medio de la fe en él.

Efesios 3:12

Suponte que participas en un concurso que le ofrece al ganador un viaje completamente pago a Washington, D.C. El viaje incluye una sesión privada de 15 minutos en la Oficina Oval de la Casa Blanca con el presidente de los Estados

Unidos de Norteamérica. Puedes hacerle cualquier pregunta y decirle lo que quieras. Ciertamente, este será uno de los días más significativos de tu vida.

Seguramente querrás filmar el encuentro para poder volver a verlo una y otra vez. La gloria del momento se desvanecerá rápidamente, por lo que también querrás una fotografía junto al presidente para conmemorar la ocasión. La pegarás en la pared de tu cuarto y se la mostrarás a todos tus amigos y familiares. Después de todo ¿cuántas personas han gozado de tal honor y privilegio? Muchos líderes influyentes pagarían cualquier suma para tener una audiencia privada con el presidente.

Sin duda, experimentarás ansiedad en algunos momentos tratando de imaginarte qué le dirás y qué le preguntarás. No te llevará mucho darte cuenta que lo que tú digas, tendrá muy poco, o nada, de impacto en el curso de la historia. El presidente, por supuesto, será amable y te tratará cordialmente. Después de todo, hay un poco de publicidad en este evento para él, el presidente de los Estados Unidos codeándose con la juventud, mostrando que está interesado en escuchar lo que la gente joven tiene que decir.

¿Te das cuenta que ya hemos ganado un premio mucho mejor? Tenemos un viaje al cielo, con todo pago, incluyendo una audiencia privada con Aquel que *creó* al presidente de los Estados Unidos y a todos los demás líderes del mundo. Y, lo que es mejor aún, tenemos la seguridad que el encuentro será con consecuencias que durarán eternamente. Todo hijo de Dios, joven o anciano, ha recibido el mismo premio ¡aunque muy pocos se toman la molestia de reclamarlo!

Tenemos libre acceso al Dios del universo las 24 horas del día. Él no tiene horarios de atención al público y nunca se cansa de nuestra necesidad por estar con él. ¿Cómo es posible? Porque Jesús pagó el precio. ¡Él proveyó! "Porque por medio de él, los unos y los otros tenemos entrada por un mismo Espíritu al Padre" (Efesios 2:18).

Tenemos la inclinación a recurrir a Dios sólo en tiempos de crisis. En el transcurso de la vida, la oración debiera ser lo primordial para pedir la dirección de Dios. Cuando oramos de acuerdo a la dirección del Espíritu Santo, podemos tener la seguridad que Dios el Padre contestará lo que sea mejor para nosotros.

> *"Y de igual manera, el Espíritu nos ayuda en nuestra debilidad; pues qué hemos de pedir como conviene, no lo sabemos, pero el Espíritu mismo intercede por nosotros con gemidos indecibles. Mas el que escudriña los corazones sabe cuál es la intención del Espíritu, porque conforme a la voluntad de Dios intercede por los santos.*

Romanos 8:26-27

Primeramente, lo que tratamos de determinar en la oración es la voluntad de Dios. Luego de dirigirnos a nuestro Padre en los cielos, el Padrenuestro continúa así: "Venga tu reino, hágase tu voluntad así en la tierra como en el cielo" (Mateo 6:10). A veces, la voluntad de Dios incluye sufrimiento, por lo que Pablo les dice a los efesios: "Por lo cual pido que no desmayéis a causa de mis tribulaciones por vosotros, las cuales son vuestra gloria. A veces, la voluntad de Dios pareciera frustrar nuestros sueños y anhelos.

En oración, dependemos del Espíritu Santo para que nos abra los ojos. El Espíritu Santo nos llevará a toda verdad y nos mantendrá en la voluntad de Dios. Y recuerda que Jesús te ha provisto libre acceso al Padre celestial; tú puedes tener una audiencia privada con él las 24 horas de cada día por el resto de tu vida eterna.

La mentira a rechazar:

Rechazo la mentira de Satanás que dice que para Dios no soy más que un número o un rostro entre la multitud.

La verdad a aceptar:

Acepto la verdad que en Cristo puedo pasar tiempo personalmente con Dios y conocerlo íntimamente.

Oración para hoy:

Haz de esta oración de Efesios 3:14-19 tu oración, al insertar tu nombre:

Querido Padre celestial, de quien toma nombre toda familia en los cielos y en la tierra, yo (tu nombre) doblo mis rodillas ante ti, oro para que conforme a las riquezas de tu gloria me fortalezcas con poder a través de tu Espíritu, para que habite Cristo en mi corazón a través de la fe. Oro para que yo, (tu nombre), pueda tener poder, juntamente con todos los santos, para así comprender cuál sea la anchura, la longitud, la profundidad, y la altura, del amor de Cristo, y conocer su amor que excede a todo entendimiento para que yo, (tu nombre), sea lleno de toda la plenitud de Dios. En el nombre de tu Hijo. Amén.

—Día 38—

Acerquémonos, pues, confiadamente, al trono de la gracia, para alcanzar misericordia y hallar gracia para el oportuno socorro.

Hebreos 4:16

¿Cómo es posible que Dios entienda nuestras luchas? Él está allí, sentado en las alturas, todopoderoso y omnisciente. Él no tiene ninguna necesidad. A él no le preocupa aprobar algún examen. Él no tiene unos padres abusivos. Él no nació en el lugar equivocado.

La respuesta está en Jesús. Su familia sufrió el rechazo social por un inexplicable nacimiento. Él fue rechazado por sus contemporáneos. Él tomó la forma de hombre sin ningún privilegio especial. No pertenecía a una clase social alta y no contaba con posesiones. Cargó su propia cruz al ser crucificado. Fue maldecido, golpeado y escupido. Y para agregar a su humillación final:

> *Uno de los malhechores que estaban colgados le injuriaba diciendo: Si tú eres el Cristo, sálvate a ti mismo y a nosotros. Respondiendo el otro, le reprendió, diciendo: ¿Ni aun temes tú a Dios, estando en la misma condición?*
>
> Lucas 23:39-40

Jesús no se merecía castigo alguno o muerte. ¡Nosotros sí! ¿Seguimos pensando que él carece de comprensión y que no tiene misericordia? "Puestos los ojos en Jesús, el autor y consumador de la fe, el cual, por el gozo puesto delante de él sufrió la cruz, menospreciando el oprobio, y se sentó a la diestra del trono de Dios. Considerad a aquel que sufrió tal contradicción de pecadores contra sí mismo, para que vuestro ánimo no se canse hasta desmayar (Hebreos 12:2-3).

Sí, tú puedes ir a Dios en busca de misericordia y gracia. Si tienes alguna duda, Hebreos 4:14-16 te la disipará:

> *Por tanto, teniendo un gran sumo sacerdote que traspasó los cielos, Jesús, el Hijo de Dios, retengamos nuestra profesión. Porque no tenemos un sumo sacerdote que no pueda compadecerse de nuestras debilidades, sino uno que fue tentado en todo según nuestra semejanza, pero sin pecado. Acerquémonos, pues, confiadamente al trono de la gracia, para alcanzar misericordia y hallar gracia para el oportuno socorro.*

En víspera de una Navidad, recibí (Neil) un regalo especial de una señora que había padecido atrocidades indescriptibles en su niñez. El regalo era una carta escrita en forma de parábola. Describe hermosamente el mensaje y el ministerio de la iglesia. Permíteme compartirla contigo.

"Una vez, de vacaciones, cuando era niña, dio la casualidad que vi un reloj de oro, tirado boca abajo en el estacionamiento del motel en que estábamos hospedados. Estaba sucio y cubierto de tierra. A primera vista, no valía la pena el esfuerzo de agacharse a recogerlo, pero, por alguna razón, de todas maneras, lo recogí.

El cristal estaba roto, le faltaba la pulsera y el cuadrante estaba húmedo. Aparentemente, no había ninguna razón lógica para creer que este reloj funcionara todavía. Todo indicaba que su próximo destino sería el basurero.

Todos mis parientes se rieron de mí por haberlo recogido. Mi madre hasta me regañó por tener en mi poder un objeto tan sucio y, evidentemente destruido. Cuando comencé a darle cuerda, mi hermano hizo un comentario en relación a mi falta de inteligencia.

"Los autos le pasaron por encima", me increpó, ¡No hay nada que resista ese maltrato!

Cuando moví la cuerda, la aguja comenzó a moverse. Mi familia estaba equivocada. Verdaderamente, las pruebas estaban en contra del funcionamiento del reloj, pero había una cosa en que nadie había pensado. No importaba cuán destruido estuviese por fuera, si el interior estaba sano seguiría andando, y marcando bien el tiempo. El reloj se había hecho para marcar el tiempo. Su aspecto exterior no tenía nada que ver con el propósito para el cual había sido diseñado. Aunque su aspecto estaba dañado, el interior estaba intacto, en perfectas condiciones.

Sigo conservando aquel reloj, veinticinco años después. De vez en cuando lo saco y le doy cuerda y sigue andando. Pienso que mientras el interior siga intacto, seguirá andando. Si no me hubiese tomado la molestia de agacharme a recogerlo y de darle cuerda hace tantos años atrás, jamás hubiese sabido que la parte que realmente importaba todavía estaba en perfectas condiciones. Aunque parecía inservible, todavía sigue siendo un tesoro para mí, porque miro más allá de su apariencia exterior y pienso en lo que realmente tiene valor, en su habilidad de funcionar para lo cual fue creado.

Neil, gracias por haber hecho el esfuerzo de "recoger el reloj" y "darle cuerda". Me estás ayudando a ver que mis emociones pueden estar dañadas pero mi ser interior todavía está en perfectas condiciones, y eso es lo que fue creado para estar con Cristo. Esa es la parte permanente. La parte que verdaderamente importa. Sé que en lo profundo de mi corazón, más allá de lo que me dicten mis sentimientos, esta es la verdad. También creo que con la ayuda de los siervos de Dios, hasta la "caja" puede ser reparada y puede volver a funcionar".

En todo el mundo, la gente es herida a diario. La juventud desesperada está clamando por misericordia y gracia. Tenemos el privilegio de "recoger relojes" y "darles cuerda". Pero tenemos que ver más allá del estuche. Entonces, podremos extenderles la gracia y la misericordia de Dios y poner a esta gente en contacto con Dios. Dios ha dado una maravillosa provisión para nuestra recuperación: Cada hora de cada día y por toda la eternidad, podemos ir a nuestro Gran Sumo Sacerdote y recibir gracia y misericordia en nuestra necesidad. ¿En qué está puesta nuestra confianza? "Así que, hermanos, teniendo libertad para entrar en el Lugar Santísimo por la sangre de Jesucristo...acerquémonos con corazón sincero, en plena certidumbre de fe" (Hebreos 10:19-22).

La mentira a rechazar:

Rechazo la mentira de Satanás que distorsiona el conocimiento de quién es Dios realmente y cómo él se relaciona conmigo y se preocupa por mí.

La mentira a rechazar:

Rechazo la mentira de Satanás que distorsiona el conocimiento de quién Dios es realmente, y de cómo él puede relacionarse y cuidar de mí.

La verdad a aceptar:

Acepto la verdad que Cristo siempre sabe por lo que estoy pasando y siempre puedo experimentar su amor y su presencia.

Oración para hoy:

Querido Padre celestial: Perdóname por no venir a ti primeramente, y por cuestionarme si verdaderamente vas a entender mis necesidades. Gracias por tu misericordia. Sé que no la merezco, como tampoco merezco tu gracia, pero te alabo porque eres un Dios compasivo. Rechazo las mentiras de Satanás que distorsionan el conocimiento de quién eres realmente. Enséñame a ser misericordioso con los demás así como tú lo eres conmigo, y enséñame a darle a la gente lo que necesite, no lo que se merece. Te agradezco por Cristo Jesús, quien ha hecho posible que yo venga delante de tu presencia y desde hoy en adelante, resuelvo hacerlo. Te alabo por tu misericordia y por tu gracia y por tu invitación abierta para venir a ti. Oro en el precioso nombre de Jesús. Amén.

Día 39

Mas nuestra ciudadanía está en los cielos, de donde también esperamos al Salvador, al Señor Jesucristo

Filipenses 3:20

La radio del auto daba las noticias a toda voz. El juicio a los cuatro policías acusados de golpear a Rodney King había terminado y las tensiones todavía eran altas en la ciudad debido al deterioro de las relaciones raciales, las guerras de pandillas y el alto número de desempleo. Ante la noticia que los policías habían sido absueltos, el mundo fue testigo de la total desintegración de la sociedad de Los Ángeles durante los dos días siguientes. ¡La ciudad tenía un aspecto fantasmal! El humo de miles de incendios oscurecía el cielo. Parecía una zona de guerra. Las carreteras estaban extrañamente vacías. Era la anarquía, una enfermiza demostración de la pecaminosidad del ser humano. Estudiantes universitarios se unieron a la locura colectiva con sus caros automóviles. Los pillos se apoderaban de todo lo que podían. La escena se parecía a lo escrito por Pablo en Filipenses 3:18-20: "Porque por ahí andan muchos, de los cuales os dije muchas veces, y aun ahora lo digo llorando, que son enemigos de la cruz de Cristo; el fin de los cuales será perdición, cuyo dios es el vientre, y cuya gloria es su vergüenza; que sólo piensan en lo terrenal. Mas nuestra ciudadanía está en los cielos". Estamos en este mundo pero no pertenecemos a él, continúa diciendo Pablo. "De donde esperamos también al Salvador, al Señor Jesucristo; el cual transformará el cuerpo de la humillación nuestra, para que sea semejante al cuerpo de la gloria suya, por el poder con el cual puede también sujetar a sí mismo todas las cosas" (vv. 20-21).

No es de extrañar que los ciudadanos de este mundo se sientan tan inseguros. Las tensiones conducen a las enfermedades físicas. Se gasta más dinero en las curas temporales para la ansiedad que en cualquier otra necesidad del consumidor. Tanto los jóvenes como los adultos aplacan sus dolores con medicamentos o los tapan con el alcohol, las drogas, el sexo y la comida. Algunos jóvenes que toman conciencia que todos estos hábitos son destructivos, dedican sus vidas a la preservación y glorificación de sus cuerpos.

Nuestra esperanza no se basa en la falsa afirmación que jamás moriremos, sino en la resurrección, como declara Pablo en Romanos 8:23-24: "Y no sólo ella, sino que también nosotros mismos que tenemos las primicias del Espíritu, nosotros también gemimos dentro de nosotros mismos, esperando la adopción, la redención de nuestro cuerpo. Porque en esperanza fuimos salvos; pero la esperanza que se ve, no es esperanza; porque lo que alguno ve ¿a qué esperarlo?"

Pedro habla acerca de los días previos a la segunda venida de Cristo. Nos advierte que habrá quienes se burlarán de la Segunda Venida. Él habla de la destrucción repentina que vendrá. Pero en medio de las advertencias, nos exhorta:

> *"Mas, oh amados, no ignoréis esto; que para con el Señor un día es como mil años, y mil años como un día. El Señor no retarda su promesa, como algunos la tienen por tardanza, sino que es paciente para con nosotros, no queriendo que ninguno perezca, sino que todos procedan al arrepentimiento.*

2 Pedro 3:8-9

Dios quiere que el evangelio sea predicado en todas las naciones antes que venga el fin. No somos del mundo, pero hemos sido dejados acá con un propósito. Debemos llevar a cabo la Gran Comisión. Cuando el evangelio haya llegado a los confines del mundo, él regresará. Por lo tanto, no utilices tu ciudadanía en los cielos como una placa de superioridad. Todos somos salvos por gracia de Dios. No importa cuán depravada o enferma parezca la humanidad caída que te rodea, siempre recuerda: "Soy salvo por la gracia de Dios".

Nuestra ciudadanía celestial es la base de nuestra esperanza y seguridad, lo que conlleva la responsabilidad de ser siervos de Dios sujetos a su voluntad. Hemos sido dejados en la tierra con un propósito. Como escribe Pedro: "Amados, yo os ruego como a extranjeros y peregrinos, que os abstengáis de los deseos carnales que batallan contra el alma, manteniendo buena vuestra manera de vivir entre los gentiles; para que, en lo que murmuran de vosotros como de malhechores, glorifiquen a Dios en el día de la visitación, al considerar vuestras buenas obras (1 Pedro 2:11-12).

La mentira a rechazar:

Rechazo la mentira de Satanás que dice que mi única ciudadanía está en la tierra y no en el cielo.

La verdad a aceptar:

Acepto la verdad que tengo derechos y responsabilidades como ciudadano del cielo, y declaro que Jesús es mi Rey.

Oración para hoy:

Querido Padre celestial: Te doy gracias por mi ciudadanía en los cielos. Perdóname por las veces que he buscado mi seguridad en este mundo y he vivido como si no tuviese una relación eterna contigo. Renuncio a las mentiras de Satanás que dice que mi única ciudadanía está en la tierra y no en el cielo. Ahora reclamo mis derechos y responsabilidades como ciudadano del cielo y declaro que tú eres mi rey. Me comprometo a servirte y hacer tu voluntad en la tierra como se hace en los cielos. Mi esperanza no está en este mundo presente sino en el porvenir. Trataré de vivir una vida responsable para que, por tu gracia, el mundo pueda ver mis buenas obras y glorificarte a ti. Oro en el precioso nombre de Jesús. Amén.

---------------------------------**Día 40**---------------------------------

Estando persuadidos de esto, que el que comenzó en vosotros la buena obra, la perfeccionará hasta el día de Jesucristo.

Filipenses 1:6

Recuerdo haber oído hablar del famoso Jerry Krammer de los Green Bay Packers, refiriéndose a su primer año en el equipo. Era un novato, y el gran entrenador Vince Lombardi, estaba constantemente encima de él. Cuando el resto del equipo había terminado su entrenamiento, a Krammer se le ordenó correr otros 20 minutos por la pista de obstáculos. Frustrado y derrotado, el jugador se dirigió a los vestidores y pensó en dejar el equipo.

En el momento más depresivo, el entrenador se le acercó palmeándolo en el casco:

"Algún día, Krammer", le dijo: "Serás el jugador de fútbol más grande que jamás haya existido."

Vince Lombardi era conocido por su habilidad para que la gente llegase a la perfección, pero también era un maestro en aprovechar la oportunidad. Jerry comentó de aquel momento: "Pasé de la total desesperación al éxtasis completo, deseando hacer cualquier cosa que el entrenador me pidiese, aunque fuesen 20 minutos más de carrera esquivando obstáculos."

En Mateo 8:23-26 leemos:

Y entrando él en la barca, sus discípulos le siguieron. Y he aquí que se levantó en el mar una tempestad tan grande que las olas cubrían la barca; pero él dormía. Y vinieron sus discípulos y le despertaron, diciendo: ¡Señor, sálvanos que perecemos! Él les dijo: ¿Por qué teméis, hombres de poca fe? Entonces, levantándose, reprendió a los vientos y al mar; y se hizo grande bonanza.

No hay manera que pueda hundirse un bote con Jesús dentro; está destinado a llegar a la otra orilla. Aunque las tormentas arrecien a nuestro alrededor, estamos destinados a llegar a la otra orilla porque Cristo está en nosotros. Él es nuestra esperanza de gloria. Es él quien ha comenzado la buena obra en nosotros, y él la completará.

Otra historia, teniendo a Jesús por protagonista se encuentra en Marcos 6:45-50.

> *En seguida hizo a sus discípulos entrar en la barca e ir delante de él a Betsaida, en la otra ribera, entre tanto que él despedía a la multitud. Y después que los hubo despedido, se fue al monte a orar; y al venir la noche, la barca estaba en medio del mar y él solo en tierra. Y viéndoles remar con gran fatiga, porque el viento les era contrario, cerca de la cuarta vigilia de la noche vino a ellos andando sobre el mar, y quería adelantárseles. Viéndole ellos andar sobre el mar, pensaron que era un fantasma y gritaron; porque todos le veían y se turbaron. Pero en seguida habló con ellos y les dijo: ¡Tened ánimo; yo soy, no temáis!*

Mira la frase "quería adelantárseles". Creo que también hoy en día Jesús quiere adelantarse a los autosuficientes. Si creemos que llegaremos a la otra orilla por lo bien que rememos, seguramente, no llegaremos. Jamás debemos olvidar que es él quien comenzó en nosotros la obra y es él quien la completará.

Un abuelo jubilado llegó tarde a un juego de la pequeña liga y le preguntó a su nieto cómo iba el partido. –Vamos perdiendo 15 a 0 –le contestó.

El abuelo preguntó –¿Eso te molesta?

–Por supuesto que no. Todavía no hemos bateado.

Podemos tener esa misma confianza porque sabemos que el Señor está trabajando en nosotros.

No sé en qué situación te encuentras actualmente, pero la realidad es que tendrás otra oportunidad. ¿Estás corriendo contra el viento? ¿Has fracasado en el pasado? ¿Crees que Dios se ha dado por vencido contigo? ¡Yo no lo creo! En Filipenses 3:12-14 Pablo refleja la actitud que debemos tener, si es que queremos ganar.

No que lo haya alcanzado ya, ni que ya sea perfecto; sino que prosigo, por ver si logro asir aquello para lo cual fui también asido por Cristo Jesús. Hermanos, yo mismo no pretendo haberlo ya alcanzado; pero una cosa hago: Olvidando ciertamente lo que queda atrás, y extendiéndome a lo que está delante, prosigo a la meta, al premio del supremo llamamiento de Dios en Cristo Jesús.

La mentira a rechazar:

Rechazo la mentira de Satanás que dice que Dios ha acabado conmigo. Renuncio a mi autosuficiencia y elijo olvidar lo que queda atrás.

La verdad a aceptar:

Acepto la verdad que Jesús, quien comenzó en mí la buena obra la completará hasta hacerme como él es.

Oración para hoy:

Querido Padre celestial: Estoy agradecido por el buen trabajo que has comenzado en mí. Sé que aún no has terminado conmigo y renuncio a la mentira de Satanás que me sugiere que sí lo has hecho. Perdóname por las veces en que he vivido de manera autosuficiente. Renuncio a mi suficiencia y decido olvidar lo que queda atrás. Ahora me comprometo a sujetarme a tu llamado expresando confiadamente que veré tu rostro en la otra orilla. No deposito ninguna confianza en la carne porque mi confianza descansa en ti. Tú me llevarás a la perfección en Cristo. Oro en le precioso nombre de Jesús. Amén.

Extras extremas

Escudriña la Palabra

Escribe lo que dicen estos versículos acerca de ti

Colosenses 2:10,12,13: ________________________________

Colosenses 3:1-4: ________________________________

2 Timoteo 1:7-9: ________________________________

Hebreos 2:11: ________________________________

Hebreos 4:16: ________________________________

2 Pedro 1:4: ________________________________

Abre tu mente

Memoriza Hebreos 4:16:

Acerquémonos, pues, confiadamente al trono de la gracia, para alcanzar misericordia y hallar gracia para el oportuno socorro.

Exprésate

12 días extra de fe extrema

¡Ahora no te detengas! Aquí dispones de 12 días extra que te ayudarán a caminar libre en Cristo. Continúa en la Palabra de Dios leyendo estos versículos claves y seleccionando porciones de la Escritura para memorizar. Asegúrate de expresar lo que Dios está diciendo de ti en esos versículos. Escribiéndolos y expresando lo que significan para ti te ayudará a recordarlos y a encontrar ayuda adicional.

Día 1: 1 Corintios 6:17

Día 2: 1 Corintios 6:19-20

Día 3: 1 Corintios 12:27

Día 4: Colosenses 1:13-14

Día 5: Proverbios 3:19-26

Día 6: Romanos 8:31-34

Día 7: 1 Corintios 3:9; 4:1-2

Día 8: Mateo 5:13-16

Día 9: Juan 15:1-5

Día 10: Juan 15:16,17

Día 11: 1 Corintios 3:16-17

Día 12: Efesios 2:10

¿Quién soy?

Soy aceptado...

Juan 1:12	Soy hijo de Dios.
Juan 15:15	Soy amigo de Dios.
Romanos 5:1	He sido justificado.
1 Corintios 6:17	Estoy unido al Señor y soy un mismo espíritu con él.
1 Corintios 6:19-20	He sido comprado por precio. Le pertenezco a Dios.
1 Corintios 12:27	Soy miembro del cuerpo de Cristo.
Efesios 1:1	Soy santo.
Efesios 1:5	He sido adoptado en la familia de Dios.
Efesios 2:18	Tengo acceso directo a Dios por medio del Espíritu Santo.
Colosenses 1:14	He sido redimido y perdonado de todos mis pecados.
Colosenses 2:10	Estoy completo en Cristo.

Estoy seguro...

Romanos 8:1-2	Estoy libre de condenación para siempre.
Romanos 8:28	Tengo la seguridad que todas las cosas ayudan para bien.
Romanos 8:31	Estoy libre de cualquier cargo de condenación que pese sobre mí.
Romanos 8:35	No puedo ser apartado del amor de Dios.
2 Corintios 1:21-22	He sido establecido, ungido, y sellado por Dios.
Colosenses 3:3	Estoy escondido con Cristo en Dios.
Filipenses 1:6	Tengo confianza en que la buena obra que Dios ha comenzado en mí la perfeccionará.
Filipenses 3:20	Soy ciudadano del cielo.
2 Timoteo 1:7	No me ha sido dado espíritu de temor sino de poder de amor y de dominio propio.
Hebreos 4:16	Puedo encontrar gracia y misericordia en tiempos de necesidad.
1 Juan 5:18	He nacido de Dios y el maligno no puede tocarme.

Soy importante...

Mateo 5:13-14	Soy la sal y la luz del mundo.
Juan 15:1-5	Soy rama de la vid verdadera un vehículo de su vida.
Hechos 1:8	Soy testigo personal de Cristo.
1 Corintios 3:16	Soy templo de Dios.
2 Corintios 5:17	Soy un ministro de reconciliación para Dios.
2 Corintios 6:1	Soy colaborador de Dios (1 Corintios 3:9).
Efesios 2:6	Estoy sentado con Cristo en los lugares celestiales.
Efesios 2:10	Soy creación de Dios.
Efesios 3:12	Puedo acercarme a Dios con libertad y confianza.
Filipenses 4:13	Puedo hacer todo en Cristo que me fortalece.

(De "Viviendo libre en Cristo" por el Dr. Neil Anderson)

40 días de lecturas bíblicas de Lucas

Día		
Día 1	1:1-56	Anuncio de los nacimientos de Juan y Jesús.
Día 2	1:57-2:20	Nacimiento de Juan y Jesús.
Día 3	2:21-52	Jesús bebé y Jesús niño.
Día 4	3:1-38	Bautismo y genealogía de Jesús.
Día 5	4:1-30	El propósito y tentación de Jesús.
Día 6	4:31-44	Autoridad de Jesús sobre demonios y enfermedades.
Día 7	5:1-26	Jesús con sus discípulos y los impuros.
Día 8	5:27-39	Jesús y la parábola de los odres.
Día 9	6:1-11	Jesús y la sanidad en sábado.
Día 10	6:12-49	El llamamiento y exhortación a los discípulos.
Día 11	7:1-35	Jesús sana y resucita.
Día 12	7:36-50	Jesús y los pecadores.
Día 13	8:1-21	Jesús y la parábola del sembrador y la lámpara.
Día 14	8:22-39	La autoridad de Jesús sobre la naturaleza y los demonios.
Día 15	8:40-56	Jesús ante la desesperación.
Día 16	9:1-17	Jesús usa a los discípulos para la gloria de Dios.
Día 17	9:18-62	Jesús habla de su muerte.
Día 18	10:1-24	Llamamiento de los setenta y dos.
Día 19	10:25-42	El buen samaritano; Marta y María.
Día 20	11:1-54	Cómo orar y el rechazo de Jesús.
Día 21	12:1-34	Hipocresía y codicia.
Día 22	12:35-59	Fidelidad y señales.
Día 23	13:1-35	Arrepentimiento y el reino.
Día 24	14:1-35	Jesús y la gente.
Día 25	15:1-32	El amor de Jesús para los pecadores.
Día 26	16:1-31	Jesús habla del dinero.
Día 27	17:1-19	Perdón, servicio, y gratitud.
Día 28	17:20-37	Jesús y el reino.
Día 29	18:1-14	Jesús y la oración.
Día 30	18:15-30	La entrada al reino.
Día 31	18:31-19:10	Jesús anuncia su muerte; salvación.
Día 32	19:11-27	Fidelidad.
Día 33	19:28-48	No un domingo, ni un lunes cualquiera.
Día 34	20:1-47	La autoridad de Jesús es pedida* revelada y rechazada.
Día 35	21:1-38	Señales de los últimos tiempos.
Día 36	22:1-53	Última Cena, el jardín, y el arresto.
Día 37	22:54-71	La negación de Jesús y azotes.
Día 38	23:1-56	El escarnio de Jesús; crucifixión y sepultura.
Día 39	24:1-35	La victoria de Jesús sobre la muerte.
Día 40	24:36-53	Aparición de Jesús animando a sus discípulos y a ti.

Notas

Capítulo 3

1. Rich Miller, "Trurh About Our Heavenly Father" manuscritos sin publicar.

2. Floyd McClung, Jr. *The Father Heart of God* (Eugene, OR: Harvest House Publishers, 1985) pp.111-114.

Capítulo 4

1. Charles Swindoll, *Christian life* (Portland, OR:Multnomah Press, 1986) pp. 177-278.

2. Neil Anderson y Dave Park, *Emergiendo de la oscuridad* (Ventura, CA: Libros Regal, 1993) pp. 101-102.

Capítulo 6

1. Estadística otorgada por el Fondo de Defensa Infantil, 8 de enero de 1990.

2. Erwin Lutzers *How in This World Can I be Holy?* (Chicago, Moody Press, 1979) pp.7-8.

Comprobando la realidad
Neil Anderson y Rich Miller

Alguien será el ganador (¿Por qué no tú?)

El campo de batalla es tu mente, y tú peleas contra un formidable enemigo. Él está tratando de confundir tu mente, obligándote a pensar, sentir, y actuar en cosas que simplemente no son verdaderas: "Jamás seré un buen cristiano". "Dios no podría amarme". "He hecho muchas cosas malas".

¡Lucha! Dios está de tu lado, y Él tiene este juego bajo su control. Este poderoso devocional es una mirada interior de lo que necesitas para ganar el juego de la mente, para tornar tu vida cristiana de negativa a positiva. Día tras día, descubrirás:

- Cómo Dios te ha equipado para la batalla
- El arma secreta — tu identidad en Cristo
- La libertad que produce ser un hijo de Dios
- La manera de Dios para salir de malas situaciones

Y mucho más.

¡Arráigate en la realidad! Tú puedes ganar la batalla de la mente y experimentar una vida cristiana grandiosa.

Producto 497665 • ISBN 0-7899-0260-5

Adquiéralo en su librería favorita.